"十四五"职业教育国家规划教材

"十三五"职业教育国家规划教材

U0677008

管线敷设与测试
——楼宇设备安装基本技能

◎主　编　芦乙蓬

重庆大学出版社

内容提要

全书共8个任务,每个任务包含3个活动:活动1:熟悉材料及工具;活动2:现场加工;活动3:汇报与评价。其中,任务1介绍安全用电的基本知识及电工日常工作,任务2、任务3、任务4分别介绍线槽、线管及桥架等的种类及加工方法,任务5讲述导线的连接方法及绝缘恢复的措施,任务6、任务7、任务8分别介绍线槽、线管、桥架的施工技术规范、施工方法及要求等。

本书除了作为职业教育智能楼宇专业的基本教材之外,也可作为相关技术人员的学习参考用书。

图书在版编目(CIP)数据

管线敷设与测试:楼宇设备安装基本技能/芦乙蓬
主编.—重庆:重庆大学出版社,2017.9(2024.1 重印)
中等职业教育机电设备安装与维修专业系列教材
ISBN 978-7-5689-0811-5

Ⅰ.①管… Ⅱ.①芦… Ⅲ.①管道敷设—中等专业学
校—教材 Ⅳ.①U175.5

中国版本图书馆 CIP 数据核字(2017)第 231531 号

管线敷设与测试
——楼宇设备安装基本技能
主 编 芦乙蓬
策划编辑:周 立

责任编辑:李定群 版式设计:周 立
责任校对:王 倩 责任印制:张 策

*

重庆大学出版社出版发行
出版人:陈晓阳
社址:重庆市沙坪坝区大学城西路 21 号
邮编:401331
电话:(023) 88617190 88617185(中小学)
传真:(023) 88617186 88617166
网址:http://www.cqup.com.cn
邮箱:fxk@ cqup.com.cn(营销中心)
全国新华书店经销
POD:重庆新生代彩印技术有限公司

*

开本:787mm×1092mm 1/16 印张:10.5 字数:262 千
2017 年 9 月第 1 版 2024 年 1 月第 2 次印刷
ISBN 978-7-5689-0811-5 定价:31.00 元

前言

为了贯彻落实"国务院关于大力推进职业教育改革与发展的决定",大力推进职业教育结构调整,实现专业与产业对接、课程内容与职业标准对接、教学过程与生产过程对接、学历证书与职业技能等级证书对接、职业教育与终身学习对接。在充分调研和企业实践的基础上,编写了本教材。

本书在编写时,采用了先设置情境模式,然后对该情境模式进行分析,确定工作模式及流程。最后对工作流程进行分解,确立实施手段及方法。打破了传统的学科体系的教学方法。

本书参照了智能楼宇管理员中级工、高级工、技师的职业标准,依据工学一体化教学理念,突出实践技能操作,融入课程思政元素,做到协同育人。本书学习任务源于代表性工作任务,通过实践专家访谈会,共提炼8个学习任务:专业感知与安全用电、线槽的加工、线管的加工、桥架的制作、导线的连接及绝缘的恢复、线槽的施工与测试、线管的施工与测试、桥架的施工与测试。本书可以作为高等职业院校、中等职业院校和技工院校智能楼宇、物业相关专业的教科书,也可以作为相关企业职工的参考资料和培训教材。

本书在编写过程中得到了各兄弟院校的大力支持和帮助,并提出了许多宝贵意见,在此一并致以衷心感谢。同时,在编写过程中,在网络上参阅了大量的相关资料,由于均未署名,无法列出相关名字,在此一并表示感谢。

由于编者水平有限,错误和不妥之处在所难免,敬请各位读者批评指正。

编　者
2022 年 8 月

目录

任务 1　专业感知与安全用电 ……………………………… 1

活动 1　专业感知 ……………………………………………… 1

活动 2　安全用电 ……………………………………………… 3

活动 3　汇报与评价 …………………………………………… 5

任务 2　线槽的加工 ……………………………………… 13

活动 1　熟悉材料及工具 …………………………………… 13

活动 2　现场加工 …………………………………………… 19

活动 3　汇报与评价 ………………………………………… 29

任务 3　线管的加工 ……………………………………… 35

活动 1　熟悉材料及工具 …………………………………… 35

活动 2　现场加工 …………………………………………… 40

活动 3　汇报与评价 ………………………………………… 47

任务 4　桥架的制作 ……………………………………… 54

活动 1　熟悉材料及工具 …………………………………… 54

活动 2　现场加工 …………………………………………… 61

活动 3　汇报与评价 ………………………………………… 64

任务 5　导线的连接及绝缘的恢复 ……………………… 70

活动 1　熟悉材料及工具 …………………………………… 70

活动 2　现场加工 …………………………………………… 78

活动 3　汇报与评价 ………………………………………… 87

任务 6　线槽的施工与测试 ……………………………… 94

活动 1　施工标准及安装规范 ……………………………… 94

　　　活动2　现场施工　……………………………………　103

　　　活动3　汇报与评价　………………………………………　109

任务7　线管的施工与测试　……………………………………　115

　　　活动1　施工标准及安装规范　……………………………　115

　　　活动2　现场施工　……………………………………　122

　　　活动3　汇报与评价　………………………………………　134

任务8　桥架的施工与测试　……………………………………　141

　　　活动1　施工标准及安装规范　……………………………　141

　　　活动2　现场施工　……………………………………　148

　　　活动3　汇报与评价　………………………………………　154

参考文献　………………………………………………………　160

<h1 align="right">任务 1
专业感知与安全用电</h1>

任务目标

1. 了解线管、线槽及桥架的规格型号、使用场所及安装特点。
2. 调研该行业的属性、应用范围及基本要求。
3. 培养安全防范意识,自觉遵守《电工安全操作规程》的要求。
4. 熟练掌握触电急救方法。
5. 能正确选择灭火器材,并掌握使用方法。
6. 培养学生的基本沟通能力。

工作情境描述

组织学生到电气工程施工工地去参观。通过参观,培养学生对管线施工和线路调试的兴趣。

活动 1　专业感知

学习目标

1. 了解管线(电)工的日常工作内容。
2. 培养学生的沟通能力。

学习过程

党的二十大报告指出,深入实施人才强国战略。加快建设国家战略人才力量,努力培养造就更多大师、战略科学家、一流科技领军人才和创新团队、青年科技人才、卓越工程师、大国工匠、高技能人才。电工是高技能人才的典型代表,电工从业人员的工作场所有特定的要求。

(1)参观学习

参观前,组织学生查找电气施工现场安全生产规范,并分组学习。

学习和讨论电气施工现场安全生产规范是保障参观安全与顺利的必要保障。它主要包括进出施工现场的管理制度、安全生产规范与安全检查制度、消防管理规范、文明生产制度及综合治安管理制度等内容。其中,相关制度由师生共同讨论后制订出来。

进出施工现场的管理制度见表1-1-1(空白处由师生研讨后填上)。

表1-1-1 管理制度

序 号	制度内容
1	进出施工场地时,要听从老师及施工负责人的指挥,不能擅自行动
2	
3	
4	
5	
6	
7	

《电工安全操作规程》部分内容如下:

①电工人员必须持电气作业许可证上岗。

②检修电气设备时,须参照其他有关技术规程。如不了解该设备操作规范和注意事项,不允许私自操作。

③电气检修、维修作业及危险工作严禁独立作业。

④严禁手持高于人体安全电压的照明设备。

⑤电工在进行事故巡检时,应始终认为该处线路处在带电状态,即使该线路确已停电,也应认为随时有送电的可能。

⑥在检修工作时,必须先停电验电,留人看守或悬挂警告牌,在有可能触及的带电部分加装临时遮拦或防护罩,然后验电、放电、封地。验电时,必须保证验电设备的良好。

⑦工作完成后,必须收好工具,清理工作场地,做好卫生。

(2)组织参观并完成调查报告

参观安装电工的工作现场,观察他们的工作环境和工作内容,在教师的引导与讲解下,对安装电工的工作有一个初步的了解,为今后的学习建立一定的基础。

通过参观完成调查报告的内容如下:

①本次参观的目的及要求。

②安装电工的主要工作以及常见工具和材料。

③本行业发展现状及发展水平。

④了解该企业安全生产制度。

⑤总结安装电工除了基本的专业技能外,还需要具备的基本素质。

（3）职业沟通能力练习

1）案例分析

客户在参观现场后，提出要改换某条线路走向的要求。如该要求不符合国家电气安装施工规范（如电线线路走在热水管下面且距离较近），你怎样与客户沟通。

角色分配、角色扮演、小组内点评、小组互评、教师点评。

2）要求

电工与客户沟通时，要以相关法规为依据，合情合理、态度和蔼地进行解释，直到客户满意为止。

活动 2　安全用电

学习目标

1. 了解触电事故原因和安全用电措施。
2. 掌握触电急救步骤。
3. 学会口对口人工呼吸和胸外心脏按压法等急救方法。

学习过程

党的二十大报告指出，要坚持以人民安全为宗旨，统筹外部安全和内部安全，自身安全和共同安全。用电安全是生活中需要重点关注的安全问题，如果不严格按照规程操作就可能出现重大安全事故。

（1）常见触电事故及安全用电措施

电能是人们日常生活和生产过程中应用最广泛的能源，它以清洁、高效、使用方便及转换便捷等优点而得到大家的认可。电能已经成为人们生产、生活中不可或缺的必要元素之一。但随着电能的广泛应用，不当使用造成的危害也日益突出。

目前，常见的不当电能使用造成的危害主要有触电事故及电火灾两大类。而减少这种危害的方法主要有制度防范、物理防范和技术防范 3 个层面。其中，制度防范包括掌握安全用电知识，学习触电、电火灾急救技能等；物理防范包括电气隔离、保护接地、保护接零等；技术防范包括漏电保护开关在内的新型防护产品。

造成触电事故和电火灾的原因主要有人为原因和电器设备原因。人为原因是使用者缺乏必要的安全用电知识；或对安全用电知识不够重视，存在麻痹大意和侥幸心理，存在不遵守电器设备安装、运行及检修规程和安全操作规程的现象。电器设备原因是因为检修更换不及时造成的电器设备绝缘老化所引起的；或电器设备安装不当或损坏所引起的。

常用的安全用电措施有：不乱拉电线；不随意更换其他规格或其他材料的熔丝；不使用绝缘层已破损的电器；不采用直接拉拔插头的方法切断电源；不在一个插座上接过多或功率过大

的用电设备;不在未切断电源的情况下打扫清洁电器线路;不使用未做良好保护接地(接零)的电器设备。

常用的安全用电技术有隔离、绝缘、保护接地(或保护接零)、防护切断及安全电压等。情况说明见表1-2-1。

表1-2-1 常用安全用电技术措施

技术手段	说　明
隔离	将带电体或可能会带电物体与人体分隔开来的技术措施
绝缘	将绝缘材料包封在带电导体外面的安全用电措施
保护接地(保护接零)	将电气设备平时不带电的金属外壳与大地做可靠的电连接的防触电措施称为保护接地 将电气设备平时不带电的金属外壳与保护零线做可靠的电连接的防触电措施称为保护接零
防护切断	在线路中接入漏电保护器(或其他相应保护设备),在电气设备外壳带电时,立即切断电源,而达到安全防护作用的措施
安全电压	电气设备采用低电压供电,即使存在漏电现象,触电者也不会出现危险的安全防护措施

(2)触电急救的步骤

1)使触电者迅速脱离电源

通常有断、挑、拉及切等方法。其中,"断"是指拉下开关或拔下插头,就近关断电源;"挑"是指用绝缘棒挑开触电者身上的电线;"拉"是指急救者站在绝缘物上,用手拉着触电者干燥的外衣,将触电者脱离带电区域;"切"是指用钢丝钳逐条切断电源导线。

采取上述操作时,一定要注意防止高空作业人员跌落而造成的二次伤害。

2)触电急救前的准备工作

①观察触电者是否清醒。如果触电者神志清醒,让触电者静坐并留人观察即可;如果触电者神志不清醒,按下列方法处理:使触电者仰卧平躺在干燥的地面上,松开触电者的衣领和裤扣,并在颈部枕垫软物,清除触电者口腔中的异物,让触电者呼吸道畅通。

②急救前检查。对神志不清的触电者,要检查其呼吸、心跳等情况。其具体方法是:急救者将手指放置在触电者鼻翼下,探视触电者有无呼吸;急救者将手指触摸触电者颌下喉结旁凹陷处,探视触电者有无颈动脉搏动;最后,翻开触电者的眼睑,查看触电者瞳孔有无放大。

③拨打120。拨打急救电话时,要与医护人员讲清相关地址、伤害程度等信息。

3)触电急救方法

根据触电者的情况不同,应采取正确的触电急救措施。

①口对口人工呼吸

A.适用范围

口对口人工呼吸的对象是有心跳但无呼吸的触电者。

B.操作方法

急救人员跪蹲在触电者的一侧,用一只手捏紧触电者的鼻子,另一只手托在触电者的颈后,将颈部上抬,急救人员先深吸一口气,将口紧贴在触电者的嘴上,大口吹气;然后放松捏住触电者鼻子的手,让气流自然地从触电者肺部排出。如此反复操作,5 s进行一次,直到触电者清醒或医护人员到来。

②胸外心脏按压法

A.适用范围

胸外心脏按压法的对象是无心跳但有呼吸的触电者。

B.操作方法

急救人员跪跨在触电者的腰部(两侧),急救人员应将右手掌根按于触电者胸骨 1/2 处,中指指尖对准其颈部凹陷的下缘,左手掌握压在右手背上,利用上身的质量向下压 3~4 cm,然后突然放松。如此反复操作,1 s 进行一次,直到触电者清醒或医护人员到来。

③口对口人工呼吸与胸外心脏按压交替进行

A.适用范围

适用于心跳、呼吸具无的触电者(一般出现触电者瞳孔放大)。

B.操作方法

两种急救方法交替进行,人工呼吸 2~3 次,胸外心脏按压 10~15 次。如此反复循环操作,直到触电者清醒或医护人员到来。

活动 3 汇报与评价

过程评价在学习过程中完成,它主要是评价和考核学生对某一项技能掌握的程度。通过评价,发现学生的闪光点,激励学生学习的积极性。

(1)调查的汇报与评价

检查各小组的参观总结和调查报告,填写表 1-3-1。

表 1-3-1 调查评价表

评价项目	评价内容	考评结论
参观计划	如:有否计划;计划内容是否完整;计划是否可行;计划是否方便执行,等等	
参观流程		
参观纪律		
报告格式合理性		
报告内容完整性		
报告主题清晰性		
报告对今后学习的指导性		

（2）触电急救实验的汇报与评价

每个小组推荐一名学生上台进行触电急救操作过程的演示，其他小组观看演示，并进行评价。同时，完成表1-3-2的填写。

表1-3-2　急救措施评价表

评价项目	闪光点	不足之处
脱离电源		
急救前准备		
人工呼吸		
胸外心脏按压		
实验态度		
现场整理		

（3）完成综合评价

综合评价见表1-3-3。

表1-3-3　综合评价表

评价项目	评价内容	评价标准	评价方式		
			自我评价	小组评价	老师评价
职业素养	安全意识责任意识	1.作风严谨，遵章守纪，出色地完成任务 2.遵章守纪，较好地完成任务 3.遵章守纪，未能完成任务，或虽然完成任务但操作不规范 4.不遵守规章制度，且不能完成任务			
	学习态度	1.积极参与教学活动，全勤 2.缺勤达到本任务总学时的5% 3.缺勤达到本任务总学时的10% 4.缺勤达到本任务总学时的15%			
	团队合作	1.与同学协作融洽，团队合作意识强 2.与同学能沟通，团队合作能力较强 3.与同学能沟通，团队合作能力一般 4.与同学沟通困难，协作工作能力较差			

续表

评价项目	评价内容	评价标准	评价方式		
			自我评价	小组评价	老师评价
专业能力	调研能力	1.能制作周密的调研计划,并按时完成调研报告,学习认真,表现突出 2.能制作较周密的调研计划,较好完成调研报告,学习认真 3.调研计划制作不周密或未完成调研报告,学习不认真 4.没有调研计划且未完成调研报告			
	触电急救	1.急救步骤完善,急救操作正确 2.急救步骤较完善,急救操作较正确 3.急救步骤有缺失,急救操作基本正确 4.急救态度不正确,急救操作不正确			
	专业常识	1.按时、完整地完成工作页,问题回答正确 2.按时、完整地完成工作页,问题回答基本正确 3.不能完整地完成工作页,问题回答错误较多 4.未完成工作页			
创新能力		学习过程中提出具有创新性、可行性的建议	加分奖励:		
学生姓名		综合评价			
指导老师		日　期			

参观活动工作页

组成学习小组,并进行工作任务分工。

(1)活动负责人

负责参观活动的联系、组织等工作(模拟现场)。

模拟参观申请单见表1-3-4。

表1-3-4　申请单

敬语:		
正文:		
		祝福语:
	申请人姓名:	时间:

参观任务联系单见表1-3-5。

表 1-3-5　参观任务联系单

参观活动标题：			
活动负责人姓名		活动负责人电话	
参观单位联系人姓名		参观单位联系人电话	
参观时间		结束时间	
参观地址		参观内容	
参观计划			
注意事项			

（2）安全宣讲员

负责上网查找《电工安全操作规程》，制订参观过程中学生应遵守的安全规程及规章。

查找并填写 10 条你认为最重要的《电工安全操作规程》，见表1-3-6。

表 1-3-6　安全操作规程

序号	电工安全操作规程内容
1	
2	
3	
4	
5	
6	
7	
8	
9	
10	

制订参观的安全规范,见表 1-3-7。

表 1-3-7　规范内容

序号	参观安全规范内容
1	
2	
3	
4	
5	
6	
7	
8	
9	
10	如:参观时,学生不允许穿拖鞋进入参观区域

表格空格不够可以自行添加。

(3)小组长

负责整个参观活动的组织、联系及协调,并对小组成员的表现打分,见表 1-3-8。

表 1-3-8　打分表

序号	姓　名	表　现	得　分
1			
2			
3			
4			
5			

(4)小组其他成员

参与活动,填写调查报告,见表 1-3-9;写观后感,见表 1-3-10。

表 1-3-9　调查报告

标题:		
序号	调查项目	调查结论
1	调查行业	
2	行业发展现状	
3	安全法规	
4	常用工具及材料	
5	素质要求	
6	薪酬情况	

表1-3-10 观后感

标题：	
正文：	
	班级：　　　　　　姓名：　　　　　　时间：

触电急救工作页

观看图片，完成下列内容的填写：

（1）使触电者迅速脱离电源

使触电者迅速脱离电源的常用方法见表1-3-11。

表1-3-11 脱离电源方法

序号	图　片	解释说明
1		
2		
3		
4		

（2）触电急救前的准备工作

准备工作的步骤见表1-3-12。

表 1-3-12　触电急救步骤

序号	具体内容
1	
2	
3	
4	

呼吸道畅通方法见表 1-3-13。

表 1-3-13　呼吸道畅通方法

序号	图　片	解释说明
1		
2		
3		

触电情况诊断方法见表 1-3-14。

表 1-3-14　触电情况诊断方法

序号	图　片	解释说明
1		
2		
3		

（3）触电急救方法

口对口人工呼吸法见表1-3-15。

表1-3-15 口对口人工呼吸法

序号	图　片	解释说明
1		
2		

胸外心脏按压法见表1-3-16。

表1-3-16 胸外心脏按压法

序号	图　片	解释说明
1		
2		
3		

任务 2
线槽的加工

任务目标

1. 熟悉线槽的种类及结构,能准确选用线槽及配件。
2. 熟悉线槽加工制作的工具,并能准确使用。
3. 能识读照明电路原理图及建筑物平面结构图。
4. 掌握塑料线槽的切割、连接、转角、分支等制作方法及步骤。
5. 学会制作金属线槽。
6. 掌握线槽验收标准,学会验收方法。
7. 作业完毕后能按照电工作业规范清点、整理工具;收集剩余材料,清理作业垃圾。
8. 完成本次作业的评价及评分工作。

工作情境描述

按照工程图纸分别制作一个内转角正方形线槽和一个平转角正方形塑料线槽,产品要满足线槽施工工艺要求。

活动 1　熟悉材料及工具

学习目标

1. 熟悉常用的塑料线槽种类、规格、型号,能识别塑料线槽及其附件。
2. 熟悉常用的金属线槽种类、规格,能识别金属线槽及其附件。
3. 会正确选用线槽。
4. 熟悉线槽加工制作的工具,并能准确使用。

常用工具清单

13

党的二十大报告指出,推动战略性新兴产业融合集群发展,构建新一代信息技术、人工智能、生物技术、新能源、新材料、高端装备、绿色环保等一批新的增长引擎。优化基础设施布局、结构、功能和系统集成,构建现代化基础设施体系。综合布线是网络新基建的基础设施,线槽敷设、线管安装、桥架组装是综合布线过程中重要的施工步骤,关系着综合布线工程质量的好坏。

线槽的主要作用是:保护电线、电缆;防止电线、电缆受到外界冲击而对电线绝缘造成机械损伤,也防止空气中的有害气体与水分发生反应时对电线绝缘造成的电化损伤。另外,线槽还有美化环境、减轻施工强度等作用。

线槽一般用于正常环境中工业及民用建筑物室内电力、照明、电信及电缆电视系统。

线槽可以分为不同的种类。按照材料来分,有塑料线槽和金属线槽两类;按照使用场所来分,有照明线路用线槽、动力线路用线槽及地面用线槽等三类;按照用途来分,有通用线槽、网孔线槽(包括网栅线槽和网格线槽等)及地板线槽等。

(1)线槽识别

1)塑料线槽识别

照明线路用塑料线槽主要由槽底板和槽盖两部分组成,主要用于电线贴建筑物墙面敷设,如图 2-1-1 所示。

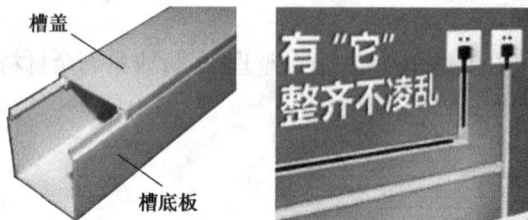

图 2-1-1　塑料线槽实物图

塑料线槽常用附件图例见表 2-1-1。

表 2-1-1　附件图例

产品名称	图　例	适用场所	产品名称	图　例	适用场所	产品名称	图　例	适用场所
阳角			平三通			接头		接续
阴角		转向	顶三通		分支	终端头		
直转角			左三通			接线盒插口		封头

续表

产品名称	图　例	适用场所	产品名称	图　例	适用场所	产品名称	图　例	适用场所
		转向	右三通		分支	灯头盒插口		封头

塑料线槽常用附件实物如图 2-1-2 所示。

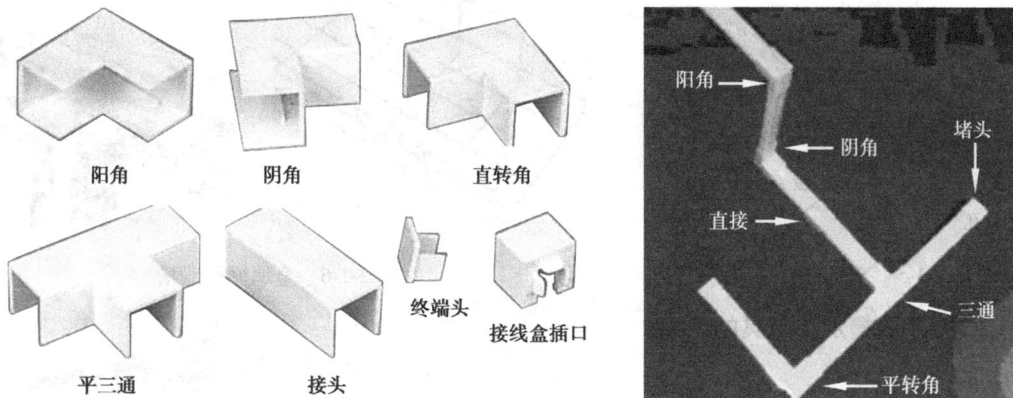

图 2-1-2　常用附件

动力线路用线槽如图 2-1-3 所示,主要用于电力拖动布线板、配电柜布线板及各种控制柜布线板上。

图 2-1-3　动力线路用线槽

地面用线槽包括地面下线槽和地面上线槽等。其中,地面下线槽与照明用塑料线槽结构一样,但它更厚,抗压性能更好。一般采用在地上开槽,然后埋设的方式布线。地面上线槽实物如图 2-1-4 所示。

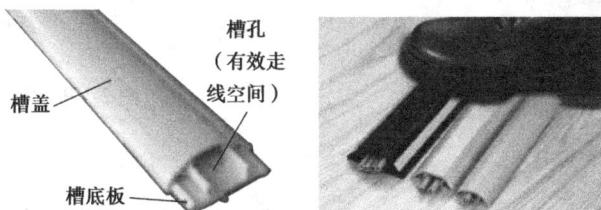

图 2-1-4　地面上线槽

地面上线槽也是由槽底板和槽盖组成,槽盖一般是圆弧形的,这样不容易绊倒来回行走的工作人员。

2)金属线槽的识别

通用金属线槽一般也由槽底板和槽盖两个部分组成,如图 2-1-5 所示。金属线槽与塑料线槽除了材质不同外,金属线槽的槽底板还有 1 排(两个或 3 个连接螺栓孔)用于线槽的连接。

网孔金属线槽主要用于电缆、网线等有护套层的电力线路的敷设。实物如图 2-1-6 所示。

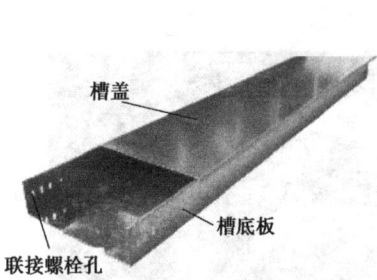

图 2-1-5　金属线槽

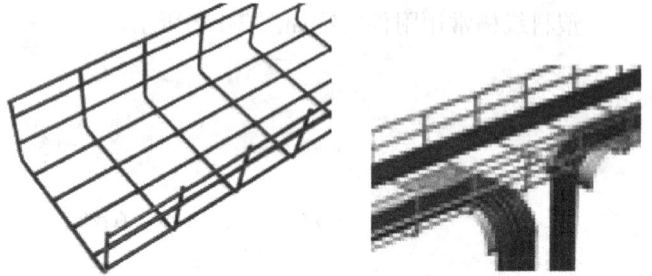

图 2-1-6　金属网栅线槽

(2)常用线槽加工工具的识别

1)切割工具

①电子剪

电子剪是用来剪切、加工塑料线槽的工具,如图 2-1-7 所示。它主要用于塑料线槽的剪断、塑料线槽弯角的制作(剪切多余的部分)。

图 2-1-7　电子剪

②手工锯

手工锯(或电工锯)用来切断塑料线槽或地面线槽的常用工具。手工锯如图 2-1-8 所示,电工锯如图 2-1-9 所示。

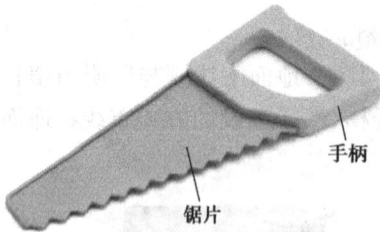

图 2-1-8　手工锯

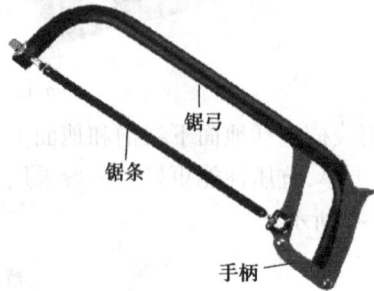

图 2-1-9　电工锯

2)电动切割工具

①型材切割机

型材切割机是电动切割工具,如图 2-1-10 所示。它主要用来切割金属型材。

②角磨机

它主要用于打磨金属切割件周围的毛刺,如图 2-1-11 所示。

图 2-1-10   切割机

图 2-1-11   角磨机

3)测量、画线工具

①直尺

直尺是用于测量设备安装位置、画线定位的工具,如图 2-1-12 所示。

图 2-1-12   (钢)直尺

②卷尺

卷尺是用于测量的工具,如图 2-1-13 所示。

③墨斗

墨斗是常用画线工具。它一般由墨盒和墨线组成,如图 2-1-14 所示。

图 2-1-13   卷尺

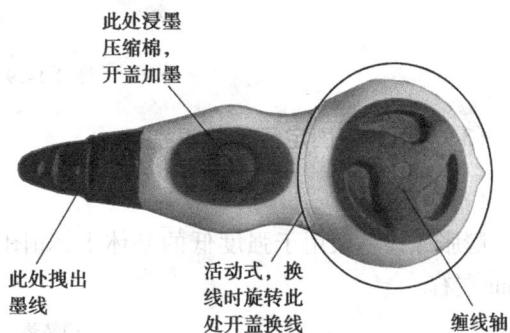

图 2-1-14   墨斗

4)安装工具

①手枪钻

手枪钻是在安装物表面钻孔的工具,如图 2-1-15 所示。它主要用于金属、塑料及其他材料及工件上的钻孔。

②电锤

电锤是在安装物表面钻孔的工具,如图 2-1-16 所示。它主要用于混凝土及砖石墙面上的钻孔、开槽等操作。

图 2-1-15　手枪钻

图 2-1-16　电锤

③螺钉旋具

螺钉旋具是用于紧固或拆卸螺钉的工具。按头部形状的不同,有一字形(见图 2-1-17)和十字形(见图 2-1-18)两种。

图 2-1-17　一字形

图 2-1-18　十字形

④活扳手

活扳手是用于紧固或拆卸螺母的工具。它由头部和手柄两个部分组成,如图 2-1-19 所示。

图 2-1-19　活扳手

(3)常用线槽固定元件的识别

1)膨胀螺栓

膨胀螺栓一般用于强度低的基体上,如图 2-1-20 所示。孔的直径比膨胀螺栓的直径大 1 mm左右。

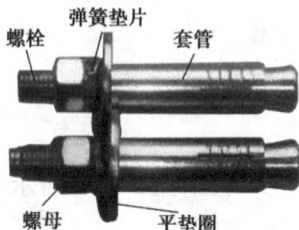

图 2-1-20　膨胀螺栓

2)膨胀螺管及木螺钉

膨胀螺管如图 2-1-21 所示,木螺钉如图 2-1-22 所示。

图 2-1-21 膨胀螺管

图 2-1-22 木螺钉

活 动 2   现 场 加 工

学习目标

1. 会对塑料线槽进行简单的加工,并熟练应用。
2. 会对金属线槽进行简单的加工,并熟练应用。
3. 掌握线槽选用的步骤和方法。
4. 会识读照明电路原理图。

学习过程

线槽的加工主要有线槽切割、线槽(直线)连接、线槽的弯角、线槽的分支及线槽顶端的密封(简称封头)等。

（1）线槽加工制作

1）线槽切割

这种加工制作主要用于塑料线槽、地面线槽过长,需要截断时。切割工具用电子剪或电工锯。切割步骤如下:

①用钢直尺在线槽上量取适当的长度,并用铅笔画线,如图 2-2-1、图 2-2-2 所示。

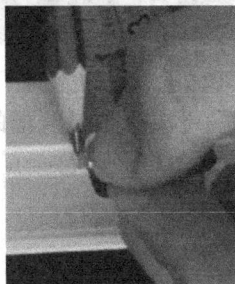

图 2-2-1 量取并画线

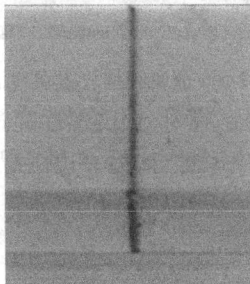

图 2-2-2 所画线条

②用电子剪或电工锯沿线切割,将剩余部分拿走,如图 2-2-3 所示。

图 2-2-3 沿线剪切

19

③用电工刀清除线槽切口的毛刺。

2）线槽连接

这种加工制作主要用于金属线槽不够长,需要接续时。使用的附件有金属连接件、螺栓、螺母及接地线等,如图2-2-4所示。使用的工具有螺栓旋具、活扳手等。

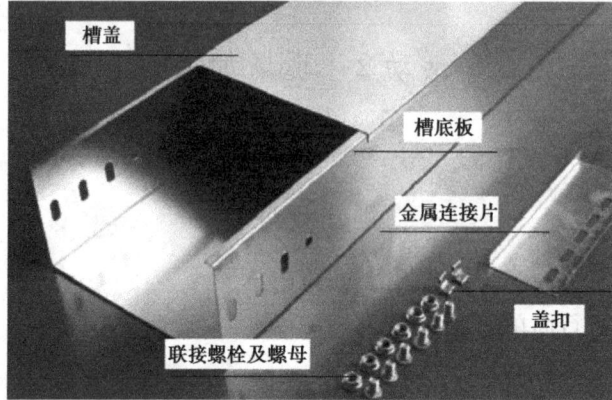

图2-2-4 金属线槽及连接附件

连接步骤如下:

①将要连接的两段金属线槽在开阔平坦的地面上对接在一起,如图2-2-5所示。

②将金属连接件(见图2-2-6)放置在金属线槽的两边(即一边一个),然后与金属线槽的连接螺栓孔对齐。

图2-2-5 金属线槽放置在地面上

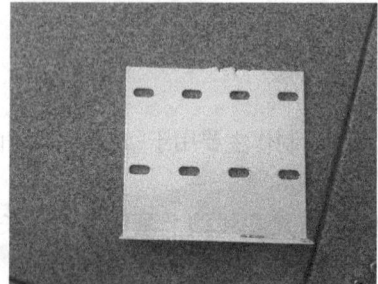

图2-2-6 金属连接件

③将螺栓、螺母分开,螺栓穿过联接螺栓孔及接地线穿孔,螺母放入金属线槽的内部。一边用钢丝钳夹紧螺母,另一边用螺栓旋具或活扳手旋紧螺栓,如图2-2-7所示。

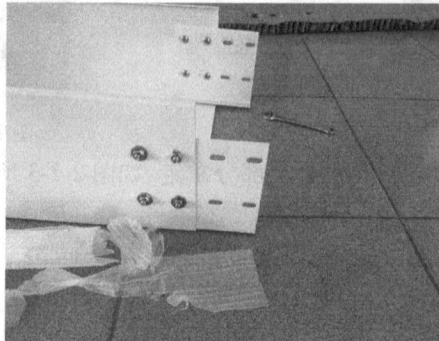

图2-2-7 线槽与连接件的固定

3)线槽的弯角

这种加工制作主要用于塑料线槽需要改变走向,弯成直角且没有附件时。按照弯转方向不同,该加工分为内转角加工和平直角加工两种。

①平直角加工步骤

A.方法1

a.根据建筑物的实际情况,量好长度,并在要切割的塑料线槽上用铅笔画线。

b.用钢尺做等边直角三角形,如图2-2-8所示。

c.用电工刀具沿线反复划切,将多余部分切去,如图2-2-9所示。

d.沿中心线将塑料线槽弯成直角,如图2-2-10所示。

平直角的制作

图2-2-8 画线　　　　图2-2-9 划切槽底部　　　　图2-2-10 制成平直角

B.方法2

a.根据建筑物的实际情况,量好长度,并在塑料线槽上用铅笔画线,如图2-2-11所示。

b.在塑料线槽的内边上,用铅笔画上与线槽等宽的两条竖线,如图2-2-12所示。

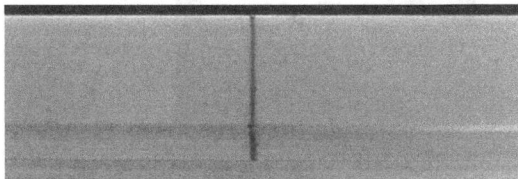

图2-2-11 画线　　　　　　　　　　　图2-2-12 画等宽线

c.用电子剪沿着竖线剪到线槽底板的位置,反转线槽槽边,并剪去,如图2-2-13、图2-2-14所示。

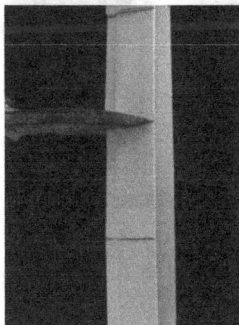

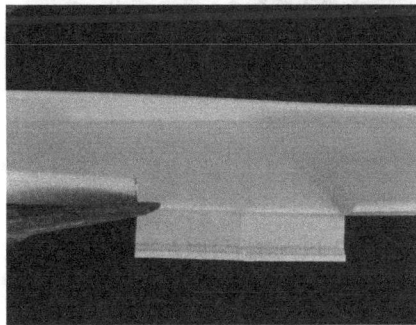

图2-2-13 剪边线　　　　　　　　　图2-2-14 剪去线槽槽边

d. 用电子剪沿铅笔画线一剪到底,如图 2-2-15 所示。

e. 将线槽对折成直角,再用电子剪沿对角线画线一剪到底,如图 2-2-16 所示。

图 2-2-15　沿线剪开底边

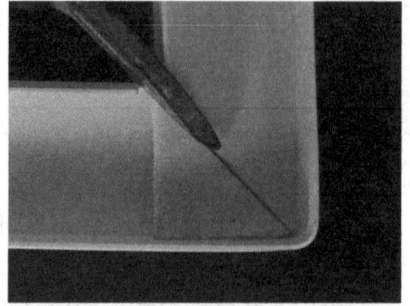

图 2-2-16　对折并剪去多余部分

②内转角加工步骤

a. 根据建筑物的实际情况,量好长度,并在塑料线槽的两边用铅笔画线。

b. 用电子剪沿着铅笔画线剪到线槽底板的位置,如图 2-2-17、图 2-2-18 所示。

内直角的制作

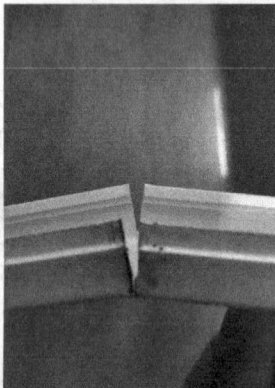

图 2-2-17　沿线剪至底板

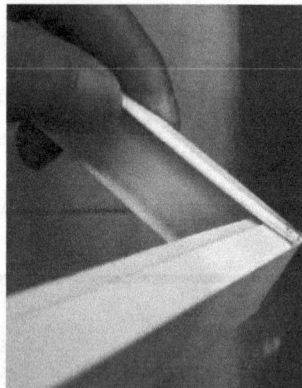

图 2-2-18　对折成直角

c. 将线槽对折成内直角,再用电子剪沿对角线画线一剪到底,如图 2-2-19、图 2-2-20 所示。

图 2-2-19　对折后剪去多余部分

图 2-2-20　制成内直角

4)线槽的分支

在没有提供三通等附件时,自制分支槽路的加工操作。

加工步骤如下:

①根据建筑物的实际情况,量好长度,并在一个塑料线槽上用铅笔画线。

②用铅笔再在该线槽画线两边画出 1/2 线槽宽度的两根画线,用钢尺做直角三角形,如图 2-2-21、图 2-2-22 所示。

图 2-2-21　画线

图 2-2-22　剪切侧边

③用电子剪沿线剪切画线部分,将多余部分切去,如图 2-2-23、图 2-2-24 所示。

图 2-2-23　沿线剪切

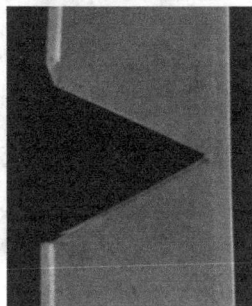

图 2-2-24　切去多余部分

④在另一个线槽的头部用钢尺做等腰三角形,用电子剪沿着铅笔画线剪去多余部分,如图 2-2-25 所示。

⑤将两个线槽对接在一起,就制作成线槽的分支部分,如图 2-2-26 所示。

图 2-2-25　分支线槽的画线

图 2-2-26　制成分支

5）线槽的封堵

线槽终端的封堵,防止小虫等进入线槽。

①无封头加工步骤

a.根据建筑物的实际情况,量好长度,并用电子剪沿塑料线槽的槽底板两边剪出 45°角,如图 2-2-27、图 2-2-28 所示。

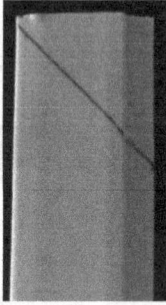

图 2-2-27　画线

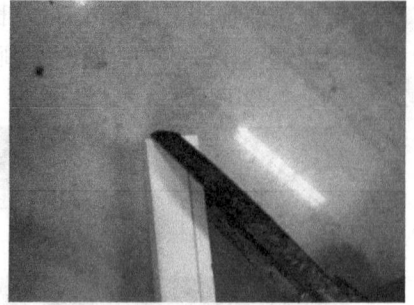

图 2-2-28　沿线剪切

b. 用电子剪沿塑料线槽的槽盖两边剪开,然后再反过来用电子剪沿 45°角剪去槽盖板两边,如图 2-2-29、图 2-2-30 所示。

图 2-2-29　沿线剪切

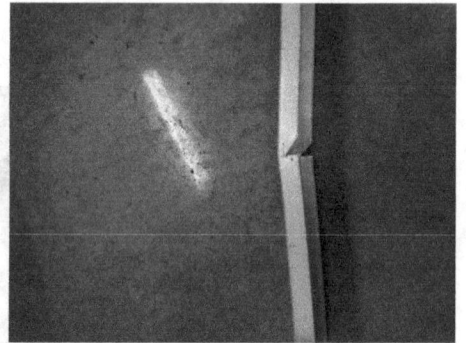

图 2-2-30　V 形缺口

c. 在槽盖剪开的位置用毛刷涂抹上管子胶,然后压接在槽底板上,如图 2-2-31、图 2-2-32 所示。

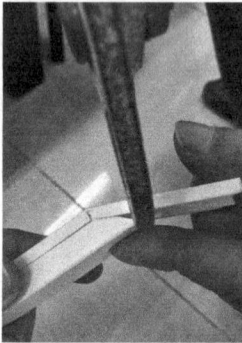

图 2-2-31　剪去多余槽盖

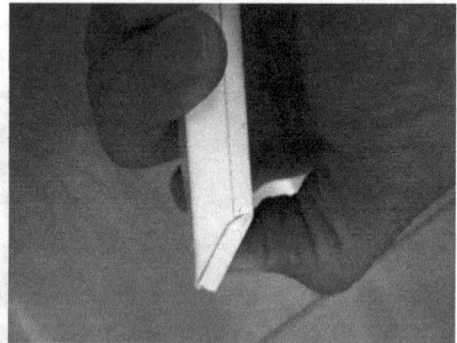

图 2-2-32　黏结成形

②有封头加工步骤

a. 根据建筑物的实际情况,量好长度,并切割。

b. 在金属线槽的头部用手枪钻钻出连接孔,如图 2-2-33 所示。

c. 将金属线槽的槽底板与成品封头对接在一起,注意连接孔要对齐,如图 2-2-34、图 2-2-35 所示。

d. 用螺栓、螺母将它们的固定端联接在一起。

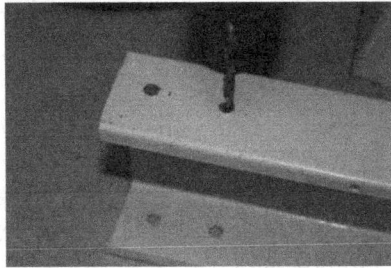

图 2-2-33　钻孔

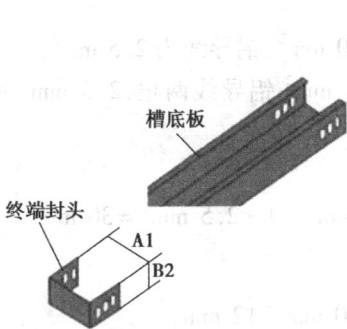

图 2-2-34　封头与线槽　　　　　　　　　图 2-2-35　对接完成

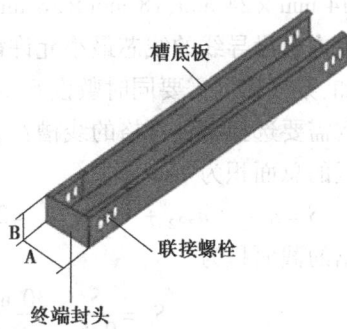

（2）线槽的选用

线槽主要用于老旧建筑物的线路改造上,明装配线使用。其中,塑料线槽、金属线槽和地面线槽等适用范围也各不相同。

上述 3 种线槽适用范围见表 2-2-1。

表 2-2-1　线槽适用范围

种　类	适用范围	特别强调	不适用范围
塑料线槽	适用于无法安装暗配线或需要便于维护和更换线路的场所	特别适用于弱电及照明配线	不适用露天、特别潮湿、强腐蚀气体或爆炸危险场所
金属线槽			
地面线槽	适用于大面积办公室、阅览室、展览馆、博物馆等隔断位置多变,要求局部照明和电话,计算机终端等多种线路配线的场所	无	

导线的规格和数量应符合设计规定,当设计无规定时,包括绝缘层在内的导线总截面积不应大于线槽截面积的 60%。

在可拆卸盖板的线槽内,包括绝缘层在内的导线,接头处所有导线截面积之和,不应大于线槽截面积的 75%;在不易拆卸盖板的线槽内,导线的接头应置于线槽的接线盒内。

线槽截面积的计算如下:

导线的总面积

$$S = n_1 s_1 + n_2 s_2 + \cdots + n_N s_N$$

式中　$n_1,n_2,\cdots,n_N$——线槽内放置几组不同截面积导线的根数;

　　　　$s_1,s_2,\cdots,s_N$——几组导线的横截面积。

线槽的截面积为

$$S_0 = \frac{S}{0.6}$$

塑料线槽的品种规格有很多,从型号来分有 PVC-20 系列、PVC-25 系列、PVC-25F 系列、PVC-30 系列、PVC-40 系列及 PVC-40Q 系列等。

从规格上分有 20 mm × 12 mm,25 mm × 12.5 mm,25 mm × 25 mm,30 mm × 15 mm,40 mm × 20 mm,14 mm × 24 mm,18 mm × 38 mm。

线槽内敷设导线的线芯最小允许截面:铜导线为 $1.0\ \text{mm}^2$,铝导线为 $2.5\ \text{mm}^2$。

例如,某线槽内需要同时敷设 $6\ \text{mm}^2$ 铝导线两根,$4\ \text{mm}^2$ 铝导线两根,$2.5\ \text{mm}^2$ 铝导线 4 根。请问需要选择哪种规格的线槽?

导线的总面积为

$$S = n_1 s_1 + n_2 s_2 + \cdots + n_N s_N = 2 \times 6\ \text{mm}^2 + 2 \times 4\ \text{mm}^2 + 4 \times 2.5\ \text{mm}^2 = 30\ \text{mm}^2$$

线槽的截面积为

$$S_0 = \frac{S}{0.6} = \frac{30\ \text{mm}^2}{0.6} = 150\ \text{mm}^2 < 20\ \text{mm} \times 12\ \text{mm}$$

由计算结果可知,敷设该组导线可选择 20 mm × 12 mm 的 PVC 塑料线槽。

(3)识读照明电路原理图及建筑物平面结构图

1)常见照明电器符号(见表 2-2-2)

表 2-2-2　常用照明电器符号

序号	名称		图形符号	文字符号	解释
1	断路器	单相		QF	照明线路中断路器主要作隔离开关用,即用作检修线路时,切断电源,保障操作者的安全
2		三相		QF	
3	开关	单联		SA	照明线路中断路器主要作控制开关用,即开关闭合时,受控设备工作;开关断开时,受控设备不工作
4		双联		SA	
5		拨动	SA	SA	
6		双控		SA	
7	插座	单相		SC	照明线路中插座是移动设备与电源连接的部件,它和插头配合使用保障将移动设备连接到电源上
8		(有接地)单相		SC	

26

续表

序号	名 称		图形符号	文字符号	解 释
9	日光灯	单管		EL	日光灯是照明线路中的光源设备,属于冷光源
10		双管		EL	
11	熔断器			FU	熔断器是短路保护设备
12	灯泡(白炽灯)			EL	灯泡是照明线路中的光源设备,属于热光源
13	插头			SC	与插座配合使用

2)识读照明电路原理图

按照事先规定好的照明设备的图形符号和文字符号来表示照明电路组成及照明设备连接关系的简图,则称为照明电路原理图。

在画照明电路原理图时,一定要注意:凡是导线交叉相连的位置,应用小黑圆点表示;导线交叉而不相连的位置,不画小黑圆点。

例如,如图 2-2-36、图 2-2-37 所示,某套房照明电路原理图由电路走向图和各部分电线路图组成,试分析其结构。

图 2-2-36 电路走向图

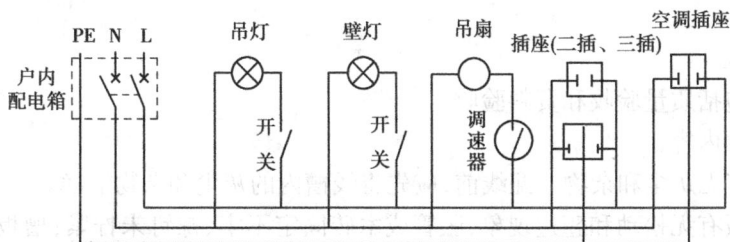

图 2-2-37 客厅电线路图

由电路走向图可知,该套房照明电路共有 7 条支路组成,它们分别是走向厨房、主卧、儿童房、客房、会客厅、饭厅及卫生间的支路。这 7 条支路全部引致户内配电箱。

其中,客厅支路由火线、零线及地线组成(由客厅电线路图看出),火线、地线起到传输电能的作用,地线起到防触电的保护作用。该支路由吊灯、壁灯、吊扇及插座的设备和开关、调速器等元件组成。吊灯一般安装在房间的中间作普通照明用;壁灯一般安装在沙发上作局部照明用;吊扇一般安装在房顶作降温用;插座一般安装在房间的墙壁上作连接移动电气设备用,有金属外壳是电气设备要选用带接地的三插插座。另外,吊灯、壁灯及吊扇分别由不同的开关、调速器控制。

(4)线槽验收

这个过程包括完工检查和完工验收两个环节。完工验收又包括质量验收和资料验收等。

1)完工检查

以观察检查法为主,主要通过验收人员的目测来确定。

完工检查内容如下:

①槽板敷设应符合以下规定:槽板紧贴建筑物的表面,布置合理,固定可靠,横平竖直。直线段的盖板接口与底板接口应错开,其间距不小于 100 mm。盖板无扭曲和翘角变形现象,接口严密整齐,槽板表面色泽均匀无污染。

②槽板线路的保护应符合以下规定:线路穿过梁、柱、墙和楼板有保护管,跨越建筑物变形缝处槽板断开,导线加套保护软管并留有适当余量,保护软管应放在槽板内。线路与电气器具、塑料圆台连接平密,导线无裸露现象,固定牢固。

③导线的连接应符合以下规定:连接牢固,包扎严密,绝缘良好,不伤线芯,槽板内无接头,接头放在器具或接线盒内。

④槽底固定点最大间距尺寸应满足表 2-2-3 的要求。

表 2-2-3　槽底固定点最大间距

塑料线槽	槽板宽度/mm		
	20 ~40	60	80 ~120
	固定点最大间距/mm		
中心单列	800	—	—
双列	—	1 000	—
双列	—	—	800

2)完工验收

完工验收包括质量验收和资料验收。

①质量验收内容

a.线槽内有无灰尘和杂物。配线前,应先将线槽内的灰尘和杂物清净。

b.线槽底板有无松动和翘边现象,胀管或木砖固定不牢、螺钉未拧紧;槽板本身的质量有问题,固定底板时,应先将木砖或胀管固定牢,再将固定螺钉拧紧。线槽应选用合格产品。

c.线槽盖板接口是否不严,缝隙过大并有错台。操作时,应仔细将盖板接口对好,避免有错台。

d.线槽内的导线放置是否杂乱。配线时,应将导线理顺,绑扎成束。

e.不同电压等级的电路是否放置在同一线槽内。操作时,应按照图纸及规范要求,将不同电压等级的线路分开敷设。同一电压等级的导线可放在同一线槽内。

f.线槽内导线截面和根数有无超出线槽的允许规定。应按要求配线。

g.接、焊、包完成后,盒盖、槽盖是否盖严实平整,不允许有导线外露现象。

②资料验收内容

收集下列资料:

a.绝缘导线与塑料线槽产品出厂合格证。

b.塑料线槽配线工程安装预检、自检、互检记录。

c.设计变更洽商记录,竣工图。

d.塑料线槽配线分项工程质量检验评定记录(借用槽板配线表)。

e.电气绝缘电阻记录。

活动 3　汇报与评价

(1)学习汇报

以小组为单位,选择实物、展板及文稿的方式,向全班展示、汇报学习成果。其内容包括如下:

①常用工具的作用和正确使用方法。

②线槽的切割、弯角、连接、分支及封堵的操作方法和步骤。

③展示平直角或内直角正方形作品,并对加工过程中遇到的问题及解决方案进行讲解。

④展示人员分配架构图,说明每位学生在加工过程中所起的作用。

(2)完成综合评价

综合评价见表2-3-1。

表 2-3-1　综合评价表

评价项目	评价内容	评价标准	评价方式		
			自我评价	小组评价	老师评价
职业素养	安全意识责任意识	1. 作风严谨,遵章守纪,出色地完成任务			
		2. 遵章守纪,较好地完成任务			
		3. 遵章守纪,未能完成任务,或虽然完成任务但操作不规范			
		4. 不遵守规章制度,且不能完成任务			
	学习态度	1. 积极参与教学活动,全勤			
		2. 缺勤达到本任务总学时的5%			
		3. 缺勤达到本任务总学时的10%			
		4. 缺勤达到本任务总学时的15%			
	团队合作	1. 与同学协作融洽,团队合作意识强			
		2. 与同学能沟通,团队合作能力较强			
		3. 与同学能沟通,团队合作能力一般			
		4. 与同学沟通困难,协作工作能力较差			

续表

评价项目	评价内容	评价标准	评价方式		
			自我评价	小组评价	老师评价
专业能力	正确使用工具	1. 熟练使用工具,工作完成后能清理现场 2. 熟练使用工具,工作完成后未能清理现场 3. 不能熟练使用工具,工作完成后能清理现场 4. 不会使用工具,工作完成后未能清理现场			
	工件加工	1. 按时完成加工任务,操作步骤正确,工件美观、完整 2. 按时完成加工任务,操作步骤正确,工件完成质量较差 3. 按时完成加工任务,操作步骤不正确,工件完成质量较差 4. 未按时完成加工任务			
	专业常识	1. 按时、完整地完成工作页,问题回答正确 2. 按时、完整地完成工作页,问题回答基本正确 3. 不能完整地完成工作页,问题回答错误较多 4. 未完成工作页			
创新能力		学习过程中提出具有创新性、可行性的建议	加分奖励:		
学生姓名			综合评价		
指导老师			日　期		

加工学习工作页

(1)小组人员分配清单

小组人员分配清单见表2-3-2。

表2-3-2　人员分配清单

序　号	姓　名	角　色	在小组中的作用	小组评价
1				
2				
3				
4				
5				

（2）备工具、备材料

①材料识别工作页见表2-3-3。

表2-3-3　备料单

名　称	组成材料	组成部分	适用场所	不适用场所	图　片
塑料线槽					
金属线槽					
地面线槽					

②工具识别工作页见表2-3-4。

表2-3-4　备工具单

名　称	作　用	结　构	使用要求	注意事项
电子剪				
手枪钻				
电锤				
型材切割机				
角磨机				
墨斗				

（3）加工

①用塑料线槽制作一个平直角的正方形。其加工尺寸如图 2-3-1 所示。

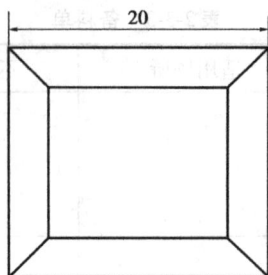

图 2-3-1　平直角

塑料线槽加工工作页见表 2-3-5。

表 2-3-5　加工工作页

加工步骤	加工方法	加工要求	注意事项	存在问题及解决措施
槽底板测量				
槽底板画线				
剪去多余部分				
弯成正方形				
槽盖测量				
槽盖画线				
剪去多余部分				
将槽盖盖在槽底板上				

②用塑料线槽制作一个内直角的正方形。其加工尺寸如图 2-3-2 所示。

塑料线槽加工工作页见表 2-3-6。

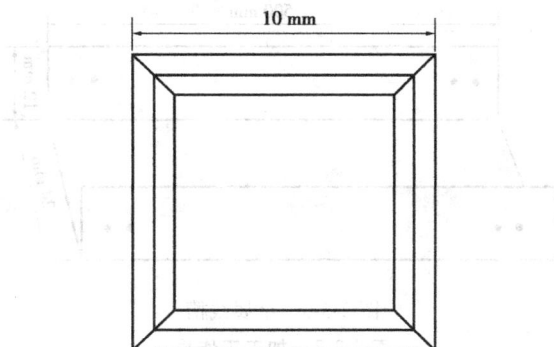

图 2-3-2　内直角

表 2-3-6　加工工作页

加工步骤	加工方法	加工要求	注意事项	存在问题及解决措施
槽底板测量				
槽底板画线				
剪去多余部分				
弯成正方形				
槽盖测量				
槽盖画线				
剪去多余部分				
将槽盖盖在槽底板上				

③用白铁皮制作一个金属线槽。其尺寸如图 2-3-3 所示。

金属线槽加工工作页见表 2-3-7。

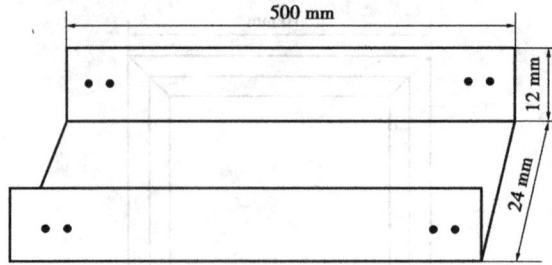

图 2-3-3　金属线槽

表 2-3-7　加工工作页

加工步骤	加工方法	加工要求	注意事项	存在问题及解决措施
测量				
画线				
剪去多余部分				
用锤子敲击成形				
用手枪钻钻出安装孔				

任务目标

1. 熟悉线管的种类及结构，能准确选用线管及配件。
2. 熟悉线管加工制作的工具，并能准确使用。
3. 能识读日光灯电路原理图，并能正确连接。
4. 掌握塑料线管的切割、连接、转角、分支等制作方法及步骤。
5. 掌握线管验收标准，学会验收方法。
6. 作业完毕后能按照电工作业规范清点、整理工具；收集剩余材料，清理作业垃圾。
完成本次作业的评价及评分工作。

工作情境描述

按照工程图纸弯制一个塑料线管、加工金属线管（切割与攻丝），完成线管的连接，产品要满足线管施工的工艺要求。

活动 1　熟悉材料及工具

学习目标

1. 熟悉常用的塑料线管规格、型号，能识别塑料线管及其附件。
2. 熟悉常用的金属线管种类、规格，能识别金属线管及其附件。
3. 会正确选用线管。
4. 熟悉线管加工制作的工具，并能准确使用。

 学习过程

线管与线槽一样能保护电线、电缆不受机械损伤、电化损伤，并且具有美化环境，减轻施工强度等作用。同时，线管的密封性能更好，且不能开启。

线管一般用于工业及民用建筑物室内 1 kV 以下电力、照明、弱电系统中的明装、暗装敷设工程。

通常所用的线槽主要有塑料线管、金属线管两种。其中，金属线管又包含镀锌钢管和可挠金属线管两类。

（1）线管及附件

1）线管识别

①塑料线管识别

塑料线管主要由 PVC 塑料制成。它具有阻燃性好、柔韧性强及价格较低等优点，故被广泛应用在电气线路敷设中。它适用于一般民用建筑内的照明系统，以及在混凝土结构和砖混结构内的暗配管敷设工程。

PVC 塑料线管实物如图 3-1-1 所示。

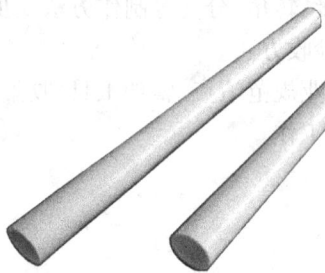

图 3-1-1　塑料线管

②金属线管的识别

金属线管具有电气连接性能好、抗压性能强等优点。有时，它也会用于电气线路的敷设。

镀锌钢管实物如图 3-1-2 所示。

可挠金属线管（或称软金属线管）实物如图 3-1-3 所示。

图 3-1-2　镀锌钢管

图 3-1-3　可挠金属钢管

2）线管附件的识别

①塑料线管附件

塑料线管的附件主要用于线管的连接、分支、端接及线管内导线的连接。

a. 直管接头实物如图 3-1-4 所示。通过管子胶将两根塑料线管连接成更长的管路。

b. 弯管接头实物如图 3-1-5 所示。它用于线管转直角。

图 3-1-4　直管接头

图 3-1-5　弯管接头

c. 塑料三通实物如图 3-1-6 所示。它用于线管的分支。

d. 圆三通（或称双 U 形接线盒）实物如图 3-1-7 所示。它用于线管的分支且有导线连接处。

图 3-1-6　塑料三通

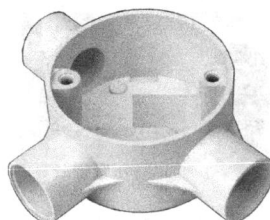

图 3-1-7　圆三通

e. 塑料盒锁实物如图 3-1-8 所示。它用于塑料线管与接线盒的连接。

塑料盒锁应用图例如图 3-1-9 所示。

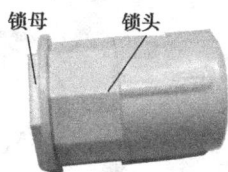

锁母　锁头

图 3-1-8　塑料盒锁

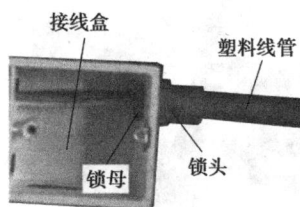

接线盒　塑料线管

锁母　锁头

图 3-1-9　接线盒与盒锁连接图

f. 可挠塑料线管（或称软塑料线管）实物如图 3-1-10 所示。它用于伸缩缝等处的线管连接。

图 3-1-10　可挠塑料线管

g. 塑料管堵与护口实物如图 3-1-11、图 3-1-12 所示。其中,管堵用于塑料线管末端的封堵; 护口用于塑料线管与其他元器件端接时的防护(主要是防止线管头部毛刺对导线的划伤)。

图 3-1-11　护口

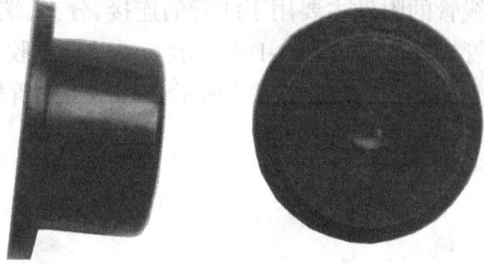

图 3-1-12　管堵

②金属线管附件识别

a. 金属直管接头实物如图 3-1-13 所示。通过管子胶将两根金属线管连接成更长的管路。

b. 金属盒锁实物如图 3-1-14 所示。它用于金属线管与接线盒的连接。

图 3-1-13　直管接头

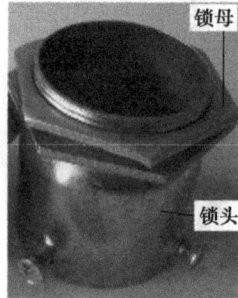

图 3-1-14　金属盒锁

3)线管固定件的识别

①塑料管卡实物如图 3-1-15、图 3-1-16 所示。

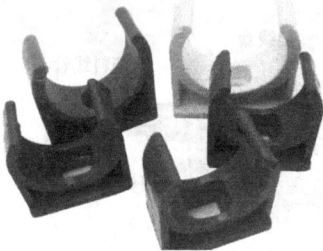

图 3-1-15　塑料管卡

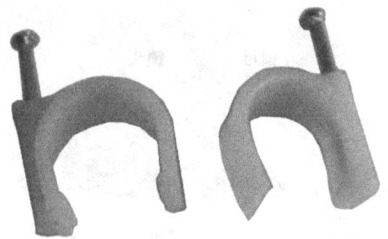

图 3-1-16　塑料管卡和钢钉

②金属管卡实物如图 3-1-17 所示。

图 3-1-17　金属管卡

（2）线管加工工具

1）切割类工具识别

①管子剪实物如图 3-1-18 所示。它用于塑料线管的切割。

②割管器实物如图 3-1-19 所示。它用于金属线管的切割。

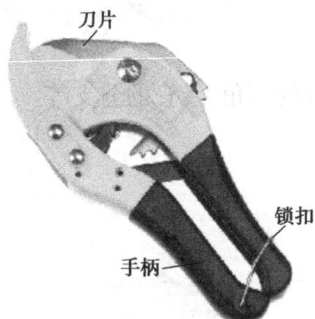

图 3-1-18 管子剪

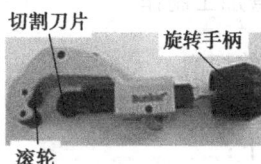

图 3-1-19 割管器

2）弯管类工具识别

①塑料管弯管器（又称弹簧）实物如图 3-1-20 所示。它用于 PVC 塑料管的弯曲制作。

②金属管弯管器实物如图 3-1-21 所示。

图 3-1-20 塑料管弯管器

图 3-1-21 金属管弯管器

3）管子胶水

管子胶水实物如图 3-1-22 所示，毛刷实物如图 3-1-23 所示。

图 3-1-22 管子胶水（或称 PVC 胶黏剂）

图 3-1-23 毛刷

活 动 2 现 场 加 工

学习过程

线管的加工主要有线管切割、线管（直线）连接、线管的弯角、线管的分支等。

（1）线管加工制作

1）线管的切割

①塑料线管的切割制作

步骤如下：

a. 根据建筑物的实际情况，量好长度；并在要切割的塑料线管上用铅笔画线，如图 3-2-1 所示。

图 3-2-1 画线

b. 打开管子剪的锁扣，分开管子剪的手柄，让剪口张开。

c. 将塑料线管放入剪口内，用力压合手柄直到剪断为止，如图 3-2-2 所示。

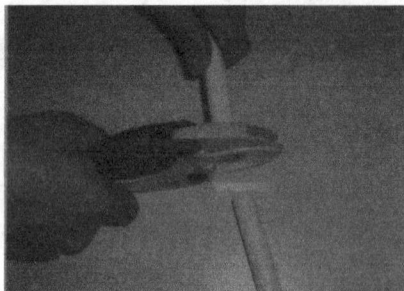

图 3-2-2 剪切

②金属线管的切割操作

步骤如下：

a. 根据建筑物的实际情况，量好长度；在要切割的金属线管上用铅笔画线。

b. 旋转割管器的手柄，让刀口张开。另一端用台钳固定住，如图 3-2-3 所示。

c. 将金属线管放入刀口内，用力转动割管器，并且一边旋转一边旋紧割管器的手柄，直到剪断管子为止。

2）线管的弯角

①塑料线管的弯角

步骤如下：

a. 根据建筑物的实际情况，量好长度；在塑料线管要弯曲的位置上用铅笔画线，如图 3-2-4 所示。

图 3-2-3　固定

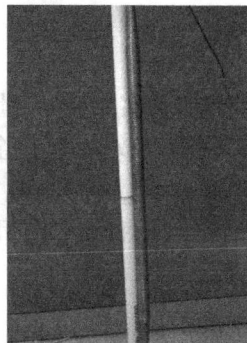

图 3-2-4　画线

b. 在弯管弹簧的两端都绑扎上牵拉线绳。

c. 在塑料线管外面比好弯管弹簧的位置(注:弹簧中间对准铅笔画线位置),并在一端牵引线绳上做上记号。

d. 将弯管弹簧的另一端牵引线绳穿入塑料线管,并一直牵拉到标有记号的位置,如图 3-2-5、图 3-2-6 所示。

图 3-2-5　穿管

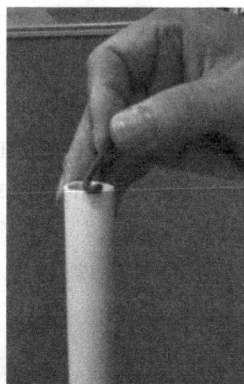

图 3-2-6　牵拉到记号位置

e. 用膝盖顶着塑料线管铅笔画线位置,两只手均匀用力搬动塑料线管的两端,直到弯出相应的角度,如图 3-2-7—图 3-2-9 所示。

图 3-2-7　弯管弹簧穿入塑料线管

图 3-2-8　弯管

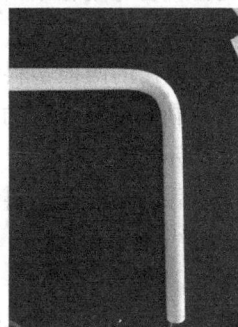

图 3-2-9　成品

②金属线管的弯角

步骤如下：

a.根据建筑物的实际情况，量好长度；在金属线管要弯曲的位置上用铅笔画线。

b.按下弯管器释放按键，将金属线管插入弯压架和靠模中间的空挡里，并将铅笔画线处对准靠模的中间位置。

c.用力压压合把，直到弯出相应的角度，如图3-2-10所示。

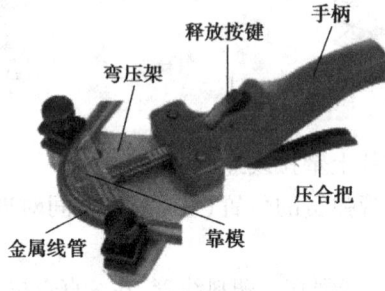

图 3-2-10　弯管

3）塑料线管的黏结

①塑料线管直线黏结

步骤如下：

a.将要连接的两根塑料线管的连接端清洁干净，直管接头的内壁也清洁干净。

b.用毛刷在塑料线管的连接端涂抹上管子胶水，晾至半干，然后迅速插入直管接头内，如图3-2-11所示。

c.阴干后即可完成塑料线管直线的黏结。

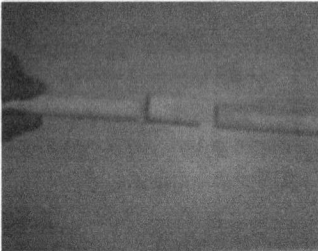

图 3-2-11　插入直管接头

图 3-2-12　插入弯管接头

②塑料线管弯角黏结

步骤如下：

a.将要连接的两根塑料线管的连接端清洁干净，弯管接头的内壁也清洁干净。

b.用毛刷在塑料线管的连接端涂抹上管子胶水，晾至半干，然后迅速插入弯管接头内，如图3-2-12所示。

c.阴干后即可完成塑料线管转角的黏结。

③塑料线管分支黏结

步骤如下：

a.将要连接的3根塑料线管的连接端清洁干净，塑料三通的内壁也清洁干净。

b. 用毛刷在塑料线管的连接端涂抹上管子胶水,晾至半干,然后迅速插入塑料三通内,如图 3-2-13 所示。

c. 阴干后即可完成塑料线管分支的黏结。

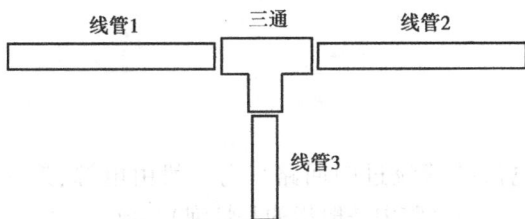

图 3-2-13　插入塑料三通

图 3-2-14　封头黏结

④塑料线管封头黏结

步骤如下:

a. 将要连接的塑料线管的末端内壁清洁干净,管堵的外壁也清洁干净。

b. 用毛刷在管堵外壁涂抹上管子胶水,晾至半干,然后迅速插入塑料线管末端内,如图 3-2-14 所示。

c. 阴干后即可完成塑料线管的封堵。

⑤塑料线管与接线盒(箱)的端接

a. 将接线端头与塑料线管用管子胶水黏结在一起。

b. 将内锁母通过箱盒内部旋紧,如图 3-2-15 所示。

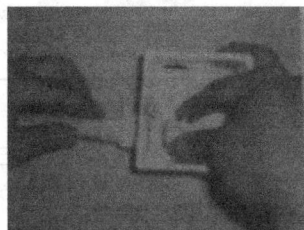

图 3-2-15　上内锁母

(2)线管的选用

线管可用于新老建筑物的线路改造上,暗装配线使用。它既可在土建施工时预埋在墙体内,也可在土建施工完成后通过切割下线槽的方式埋入墙面内或底板下,还可明装于天花板内。塑料线管、金属线管等适用范围也略不相同。

塑料线管及其附件在一般墙体、楼板及地坪内明、暗配线敷设。

金属线管能够在多尘、潮湿的地方使用,还能在高压强下使用。因此,金属线管一般用于消防控制室、易燃易爆仓库及承重路段下等地方的敷设。

线管通常采用英制尺寸来标注:如采用的塑料线管有 2 分管、4 分管、6 分管等。其中,1 英寸(in) = 8 英分 = 25.4 毫米(mm)(1 英分 = 3.175 毫米)。

其中,线管内导线的总横截面积不应超过线管内截面面积的 40 %。

导线的总面积为

$$S = n_1 s_1 + n_2 s_2 + \cdots + n_N s_N$$

式中　n_1,n_2,n_N——线槽内放置几组不同截面积导线的根数;

　　　s_1,s_2,s_N——几组导线的横截面积。

线管的截面积为

$$S_0 = \frac{S}{0.4}$$

线管的直径为

$$D = 2\sqrt{\frac{s}{\pi}}$$

转换为英分后,即

$$D_1 = \frac{D}{3.175}$$

(3)常用照明线路

1)白炽灯照明线路

①识读照明电路图

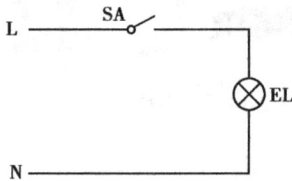

图3-2-16 照明电路图

电路就是电流持续流过的回路。它一般由电源、连接导线、开关及负载(照明电路中一般指的是灯泡)组成。

电路图就是采用统一规定的图形符号和文字符号表示电路连接情况的图形,如图3-2-16所示。

图3-2-16中,电路由开关和白炽灯组成,火线进开关。白炽灯属于热光源,发光效率低,光色也不好。

②白炽灯常见故障及检修(见表3-2-1)。

表3-2-1 白炽灯故障表

故障现象	造成原因	处理方法
灯泡不亮	1.灯泡灯丝已断或灯座引线断开 2.灯头或开关处的接线接触不良 3.线路断路 4.电源熔丝烧断	1.更换灯泡或灯头 2.查明原因,加以紧固 3.检查并接通线路 4.查明原因并重新更换
灯泡忽亮忽暗或忽亮忽熄	1.灯头或开关处接线松动 2.熔丝接触不良 3.灯丝与灯泡内电极忽接忽离 4.电源电压不正常	1.查明原因,加以紧固 2.加以紧固或更换 3.更换灯泡 4.采取措施,稳定电源电压
灯泡特亮	1.灯泡断丝后搭丝(短路)使电流增大 2.灯泡额定电压与线路电压不符 3.电源电压过高	1.更换灯泡 2.更换灯泡 3.检查原因,排除线路故障
灯光暗淡	1.灯泡陈旧,灯丝蒸发变细,电流减小 2.灯泡额定电压与线路电压不符 3.电源电压过低 4.线路因潮湿或绝缘损坏有漏电现象	1.更换灯泡 2.更换灯泡 3.采取措施,提高电源电压 4.检查线路,更换新线

③接线时注意事项

白炽灯座(头)有卡口和螺旋口两种。其中,螺旋口灯座接线时,火线一定要连接在灯座的中心簧片上,零线连接在灯座的螺旋片上。

2)日光灯照明电路

①日光灯照明电路的识别

A.日光灯的组成元件

日光灯照明电路如图 3-2-17 所示。

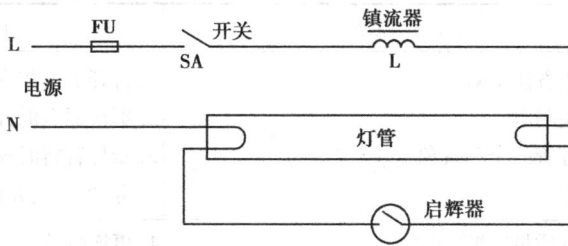

图 3-2-17　日光灯照明电路图

由图 3-2-17 可知,一个完整的日光灯照明电路应该由电源、熔断器(FU)、开关(SA)、镇流器(L)、灯管及启辉器等元器件组成。其中,熔断器的作用是作短路保护;开关的作用是控制日光灯的开启与熄灭;灯管的作用是将电能转换成光能;镇流器的作用有两个:一是启辉时配合启辉器一起产生高电压,二是灯管正常发光时起到抑制电流变化(即限流);启辉器的作用也有两个:一是启辉时配合镇流器一起产生高电压,二是启辉器中的小电容吸收电压变化时产生的杂波信号,减少启辉时对外界的干扰。

B.日光灯工作原理

日光灯管内壁涂抹一层荧光物质,灯管内充满惰性气体。合上开关(SA)时,由于灯管处于不导通状态,电源电压通过熔断器、开关、镇流器及日光灯脚加在启辉器的两端,启辉器的双金属片受热(因为辉光放电)而弯曲,启辉器瞬时接通;有电流流过镇流器,根据 $e_L = L\dfrac{\Delta i}{\Delta t}$ 可知,镇流器上会产生高于电源电压 10 多倍的高电压,该高压和电源电压一起加在灯管两端,引起灯管内电子发生"雪崩反应"。灯管内导电粒子大量产生,灯管内的惰性气体变成导体,启辉器失去作用。灯管内粒子碰撞管壁的荧光物质,激发出光子,日光灯发光。发光后,镇流器具有通直流、阻交流的作用,故抑制电流变化,起到限流的作用。

②日光灯常见故障及检修(见表3-2-2)

表 3-2-2　日光灯故障表

故障现象	产生原因	解决方法
日光灯不亮	1.断路器、熔断器或灯座与灯脚接触不良 2.灯管断丝或灯脚与灯丝脱焊 3.启辉器与插座接触不良或其自身质量问题 4.镇流器线圈短路	1.更换熔丝、修复连接不良的节点 2.更换灯管 3.更换启辉器、旋动启辉器 4.更换镇流器
通电后灯丝立刻烧断	1.电路接错 2.镇压器短路 3.灯管质量问题	1.检查线路,改正接线的错误之处 2.更换镇流器 3.更换灯管
灯管两端亮中间不亮	1.灯管慢性漏气 2.启辉器插头与插座接触不良 3.启辉器自身有问题	1.更换灯管 2.旋动启辉器 3.剪除启辉器中的小电容

续表

故障现象	产生原因	解决方法
灯管两端有微光	1. 接线方法不对 2. 开关漏电 3. 新灯管的余晖现象	1. 将开关改接在火线上 2. 更换漏电的开关 3. 新灯管暂时现象,不会影响灯管使用寿命,一会儿就会消失
灯光闪烁或灯光在管内滚动	1. 灯管质量问题 2. 镇流器工作电流过大	1. 更换灯管 2. 更换镇流器
灯管两端发黑	1. 灯管老化 2. 日光灯附件不配套 3. 开、关次数过于频繁	1. 长时间使用的正常现象,更换灯管 2. 检查配件是否配套,更换不配套的元器件 3. 减少开关次数
镇流器有杂声或电磁声	1. 镇流器质量欠佳 2. 装置不当引起与四周物体共振	1. 更换镇流器 2. 旋紧固定镇流器的螺钉或在镇流器下面垫防震片

（4）线管验收

1）施工过程中检查

以观察检查法为主,主要通过验收人员的目测来确定。

检查内容如下:

①金属线管

a. 线管口有无套上胶护口,管中是否穿上牵引细铁丝,装上接头或接线盒。

b. 线管是否(用管卡)固定在吊件或吊杆上,各段线管是否用直管接头或接线盒连接,使其成一整体管路。

c. 各分支回路管路是否从配电盘(箱)下方集中引出,管线排列是否集中、整齐、牢固。

d. 两金属线管之间是否使用接地线跨接,使管路连接成一电气整体并接地。

②塑料线管

a. 箱、盒预留位置处,线管有无 300 mm 的预留长度。

b. 需要剔槽安装线管时,开槽深度、宽度是否达到线管直径的 1.5 倍以上。

c. 安装固定是否牢固可靠,安装位置是否正确无误。

d. 管口毛刺是否去除,管中是否放置了细铁丝作牵引线。

e. 管子是否有开裂、锈蚀等现象。

2）完工验收

完工验收包括质量验收和资料验收。

①质量验收内容

a. 在铺设金属线管的途径上,按每隔 1.5～2.5 m 的距离装上吊件或吊杆。

b. 线管内部不允许有电线、电缆的接头。

c.剔槽敷设时,应用强度等级不小于 M0 的水泥砂浆抹面保护,其厚度不应小于 15 mm。

d.现场制作的金属支架及构件应作除锈、刷漆处理。

e.硬塑料线管遇到下列情况之一时,在两线管之间应加装接线盒:

• 管长超过 30 m 且无弯曲时。

• 管长超过 20 m 且 1 个弯曲时。

• 管长超过 15 m 且两个弯曲时。

• 管长超过 8 m 且 3 个弯曲时。

f.过变形缝时,应采用软管敷设的方式。

②资料验收内容

收集下列资料:

a.绝缘导线与塑料线管产品出厂合格证。

b.塑料线管配线工程安装预检、自检、互检记录。

c.设计变更洽商记录,竣工图。

d.塑料线管配线分项工程质量检验评定记录。

e.电气绝缘电阻记录。

活 动 3　汇 报 与 评 价

(1)学习汇报

以小组为单位,选择实物、展板及文稿的方式,向全班展示、汇报学习成果。其内容包括:

①常用工具的作用和正确使用方法。

②线管的切割、弯角、连接、分支及封堵的操作方法和步骤。

③展示塑料线管弯直角或直角开口正方形作品,并对加工过程中遇到的问题及解决方案进行讲解。

④展示人员分配架构图,说明每位学生在加工过程中所起到的作用。

（2）综合评价（见表3-3-1）

表3-3-1 综合评价表

评价项目	评价内容	评价标准	评价方式		
			自我评价	小组评价	老师评价
职业素养	安全意识责任意识	1.作风严谨,遵章守纪,出色地完成任务 2.遵章守纪,较好地完成任务 3.遵章守纪,未能完成任务,或虽然完成任务但操作不规范 4.不遵守规章制度,且不能完成任务			
	学习态度	1.积极参与教学活动,全勤 2.缺勤达到本任务总学时的5% 3.缺勤达到本任务总学时的10% 4.缺勤达到本任务总学时的15%			
	团队合作	1.与同学协作融洽,团队合作意识强 2.与同学能沟通,团队合作能力较强 3.与同学能沟通,团队合作能力一般 4.与同学沟通困难,协作工作能力较差			
专业能力	正确使用工具	1.熟练使用工具,工作完成后能清理现场 2.熟练使用工具,工作完成后未能清理现场 3.不能熟练使用工具,工作完成后能清理现场 4.不会使用工具,工作完成后未能清理现场			
	工件加工	1.按时完成加工任务,操作步骤正确,工件美观、完整 2.按时完成加工任务,操作步骤正确,工件完成质量较差 3.按时完成加工任务,操作步骤不正确,工件完成质量较差 4.未按时完成加工任务			
	专业常识	1.按时、完整地完成工作页,问题回答正确 2.按时、完整地完成工作页,问题回答基本正确 3.不能完整地完成工作页,问题回答错误较多 4.未完成工作页			
创新能力		学习过程中提出具有创新性、可行性的建议	加分奖励:		
学生姓名			综合评价		
指导老师			日 期		

加工学习工作页

小组人员分配清单见表 3-3-2。

表 3-3-2　人员清单

序　号	姓　名	角　色	在小组中的作用	小组评价
1				
2				
3				
4				
5				

材料识别工作页见表 3-3-3。

表 3-3-3　材料清单

名　称	组成材料	组成部分	适用场所	不适用场所	图　片
硬塑料线管					
金属线管					
饶性金属线管					

工具识别工作页见表 3-3-4。

表 3-3-4　工具清单

名　称	作　用	结　构	使用要求	注意事项
管子剪				
割管器				

续表

名　称	作　用	结　构	使用要求	注意事项
弯管弹簧				
弯管器				
芽扳				
丝扳				

（1）用塑料线管制作一个直角 U 形

其加工尺寸如图 3-3-1 所示。

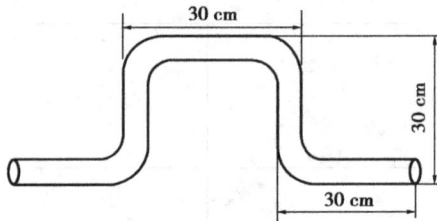

图 3-3-1　U 形线管加工图

塑料线管加工工作页见表 3-3-5。

表 3-3-5　加工工作页

加工步骤	加工方法	加工要求	注意事项	存在问题及解决措施
线管测量				
线管画线				
切去多余部分				
在弯管弹簧上连接拖曳线				

续表

加工步骤	加工方法	加工要求	注意事项	存在问题及解决措施
在线管外面比对弯管弹簧的位置并做记号				
弯成 U 形				
穿入牵引线				
去除端口毛刺				

（2）塑料线管黏结操作

其加工尺寸如图 3-3-2 所示。

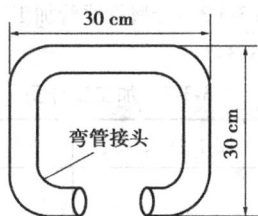

图 3-3-2　C 形线管加工图

塑料线槽加工工作页见表 3-3-6。

表 3-3-6　加工工作页

加工步骤	加工方法	加工要求	注意事项	存在问题及解决措施
线管测量				
线管画线				
剪出几只塑料短管				
清扫线管端部和弯管接头				
在线管端部涂抹管子胶水				

续表

加工步骤	加工方法	加工要求	注意事项	存在问题及解决措施
晾至半干				
将处理过的管子插入弯管接头内				
阴干即可				

（3）金属线管套丝操作

其尺寸如图 3-3-3 所示。

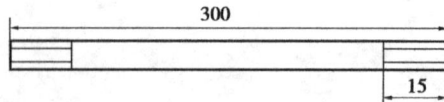

图 3-3-3　金属管线管加工图

金属线管攻丝加工工作页见表 3-3-7。

表 3-3-7　加工工作页

加工步骤	加工方法	加工要求	注意事项	存在问题及解决措施
测量				
画线				
截去多余部分				
使用丝扳套丝				
去除毛刺				

（4）日光灯的安装

日光灯的安装工作页见表 3-3-8。

表 3-3-8　安装工作页

元件名称	图形符号	文字符号	组成部分	作　用
日光灯管				
镇流器				
启辉器				
日光灯工作原理:				
日光灯安装步骤:				
安装完成后的检查方法:				
如果有故障,排除方法:				

任务 4
桥架的制作

任务目标

1. 熟悉桥架的种类及结构,能准确选用桥架及配件。
2. 熟悉桥架加工制作的工具,并能准确使用。
3. 掌握桥架及支架、吊架的制作方法及步骤。
4. 掌握桥架及支架、吊架的验收标准,学会验收方法。
5. 作业完毕后能按照电工作业规范清点、整理工具;收集剩余材料,清理作业垃圾。
6. 完成本次作业的评价及评分工作。

工作情境描述

按照工程图纸分别制作一个支架、一个吊架,产品要满足桥架施工工艺要求。

活动 1 熟悉材料及工具

学习目标

1. 熟悉常用的桥架种类、规格、型号,能识别桥架。
2. 熟悉常用的支架、吊架种类、规格,能识别支架、吊架。
3. 会正确选用桥架及支架、吊架。
4. 熟悉支架、吊架加工制作的工具,并能准确使用。

学习过程

党的二十大报告指出,坚持安全第一、预防为主。桥架是综合布线干线线路中的重要设备,一般是通过支架固定在高处,在发生地震等自然灾害时,桥架掉落会造成二次伤害。针对此安全隐患,综合布线国标强制要求桥架安装时,要安装抗震支架。

桥架分为槽式、托盘式、梯架式及网格式等结构。它由支架、托臂和安装附件等组成。它可独立架设,也可附设在各种建(构)筑物和管廊支架上,体现结构简单、造型美观、配置灵活及维修方便等特点,全部零件均需进行镀锌处理,安装在建筑物外露天的桥架。如果是在邻近海边或属于腐蚀区,则材质必须具有防腐、耐潮气、附着力好,以及耐冲击、强度高的物性特点。桥架是用来支承和放置电缆、网线的支架。

(1)桥架及附件的识别

1)桥架的识别

①托盘式桥架

托盘式电缆桥架具有质量轻、载荷大、造型美观、结构简单、安装方便等优点。它既适用于(石油、化工、轻工、电信)动力电缆的安装,也适合于控制电缆的敷设,如图 4-1-1 所示。

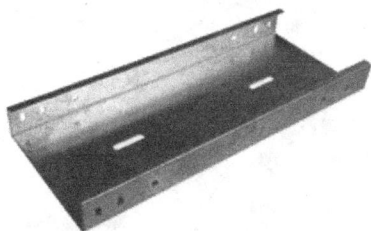

图 4-1-1　托盘式桥架　　　　　　　　　图 4-1-2　梯架式桥架

②梯架式桥架

梯架式桥架具有质量轻、成本低、造型别致、安装方便、散热、透气好等优点。它适用于一般直径较大(高、低压动力)电缆的敷设,如图 4-1-2 所示。

③槽式桥架

槽式电缆桥架具有密闭好的优点。它适用于(屏蔽干扰和腐蚀性要求较高的环境)计算机电缆、通信电缆、热电偶电缆及其他高灵敏系统的控制电缆等的敷设,如图 4-1-3 所示。

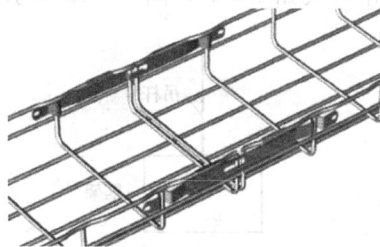

图 4-1-3　槽式桥架　　　　　　　　　图 4-1-4　网格式桥架

④网格式桥架

网格式桥架如图 4-1-4 所示。

2)支吊架的识别

①支架

支架一般安装在墙壁上,起着支承桥架的作用。支架按照制作过程,可分为有成品支架和自制支架两种。按照外形,又可分为一字形支架和三角形支架两种。

a. 一字形支架如图 4-1-5—图 4-1-7 所示。

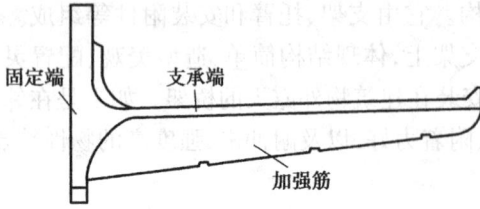

图 4-1-5　带固定架的支架示意图

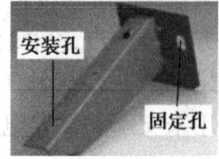

图 4-1-6　带固定架的支架实物图

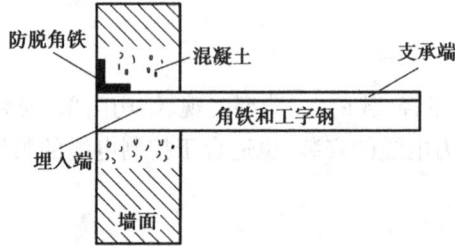

图 4-1-7　角钢一字形支架

b. 三角形支架如图 4-1-8 所示。

图 4-1-8　三角形支架

②吊架

a. 吊框式如图 4-1-9、图 4-1-10 所示。

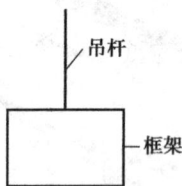

图 4-1-9　吊框示意图

图 4-1-10　吊框实物图

b. 横担式如图 4-1-11、图 4-1-12 所示。

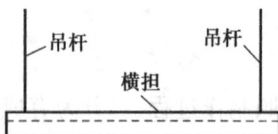

图 4-1-11　横担示意图

图 4-1-12　横担实物图

③减震支架

根据《建筑抗震设计规范》GB50011—2019 第 3.7.1 条:非结构构件,包括建筑物的非结构构件和附着在建筑物上的机电设备,应通过抗震设计与主体结构连接。根据《建筑机电工程抗震设计规范》GB50981—2014 第 1.0.4 条:抗震设防烈度 6 度及以上地区的建筑机电工程设施,必须进行抗震设计。本规范适用于抗震设防烈度为 6~9 度的建筑机电工程设施的抗震设计;不适用于抗震设防烈度大于 9 度或有特殊要求的建筑机电工程抗震设计。抗震支架结构如图 4-1-13、4-1-14、图 4-1-15 所示。

图 4-1-13 桥架抗震支架

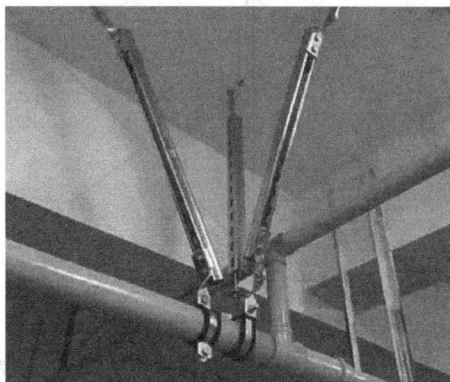

图 4-1-14 线管抗震支架

抗震支架是限制附属机电工程设施产生位移,控制设施震动,并将荷载传递至承载结构上的各类组件或装置。抗震支架在地震中应对建筑机电工程设施给予可靠的保护,承受来自任意水平方向的地震作用;抗震支架应根据其承受的荷载进行验算;组成抗震支架的所有构件应该采用成品构件,连接紧固件的构件应便于安装。

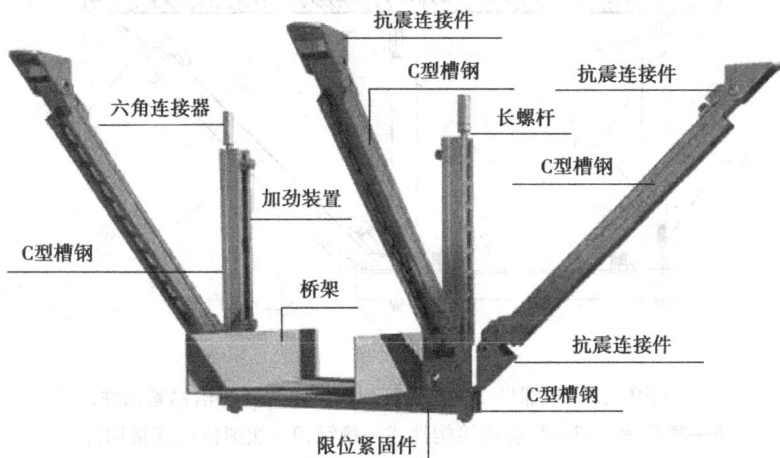

图 4-1-15 抗震支架组成部件

依据《建筑机电工程抗震设计规范》GB50981—2014,建筑抗震支架是由锚固件、加固吊杆、抗震连接构件及抗震斜撑组成。组成抗震支吊架的所有构件应采用成品构件,连接紧固件的构造应便于安装。建筑抗震支架根据所需情况、设计要求等不同,可以分为很多种类。

a. 纵向抗震支架(图 4-1-16)用于抵御纵向水平地震力作用。

b. 单管(杆)抗震支架(图4-1-17)是由一根承重吊架和抗震斜撑组成的建筑抗震支架。

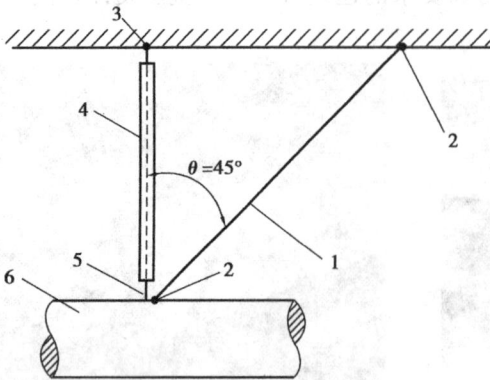

1—斜撑;2—抗震连接构件;3—锚固件;
4—螺杆紧固件;5—承重吊杆;6—管道
图 4-1-16　纵向抗震支架示意图

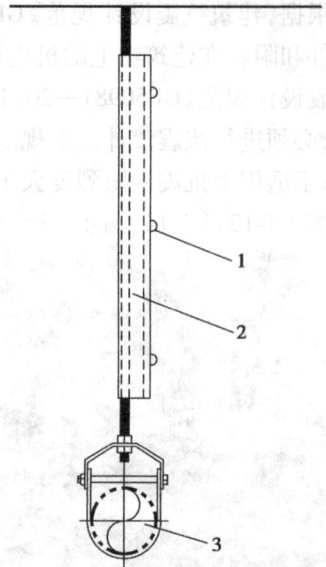

1—螺杆紧固件;2—专用槽钢;
3—管道或设备
图 4-1-17　单杆建筑抗震支架示意图

c. 门型侧向抗震支架(图4-1-18)用于抵御侧向水平地震力作用。

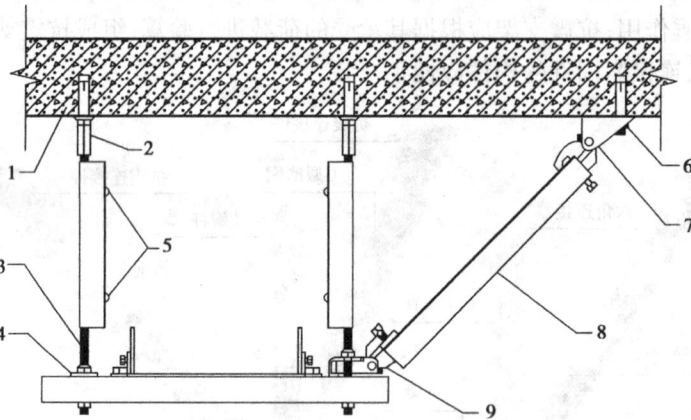

1—结构体;2—长螺母;3—长螺杆;4—方垫片;5—槽钢紧固件;
6—膨胀螺栓;7—抗震连接构件;8—槽钢;9—快速抗震连接构件
图 4-1-18　门型侧向抗震支架示意图

3)附件的识别

①卡扣

卡扣是指将桥架固定于支承件上的连接件,如图4-1-19、图4-1-20所示。

②连接片

连接片是指将两个桥架连接在一起的元件,如图4-1-21、图4-1-22所示。

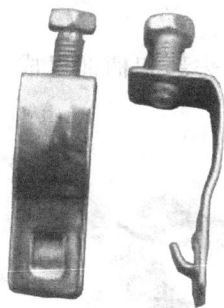

图 4-1-19 带螺栓卡扣

图 4-1-20 卡扣

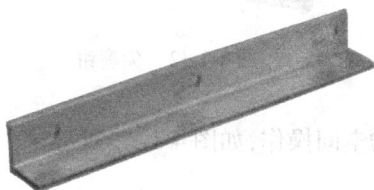

图 4-1-21 连接片

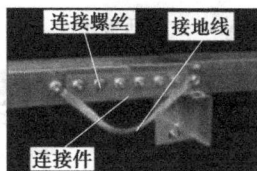

图 4-1-22 桥架的连接

③分支及转角

分支及转角如图 4-1-23—图 4-1-28 所示。

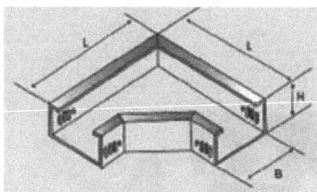

图 4-1-23 水平弯通

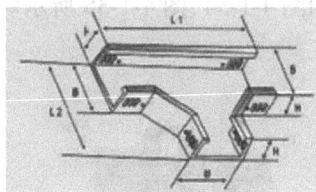

图 4-1-24 水平三通

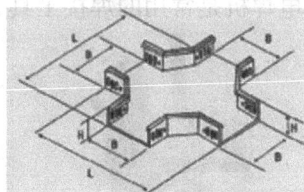

图 4-1-25 水平四通

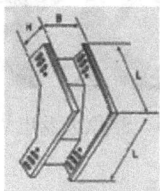

图 4-1-26 垂直上弯通

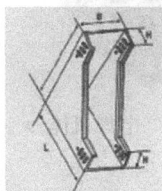

图 4-1-27 垂直下弯通

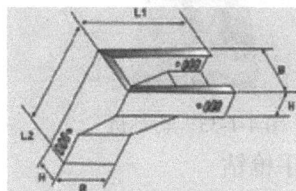

图 4-1-28 垂直左弯通

（2）常用工具的识别

1）组装工具

①螺丝旋具

螺丝旋具是用来紧固或拆卸带槽螺钉的常用工具。它有一字形和十字形两种，如图 4-1-29、图 4-1-30 所示。

图 4-1-29 一字形

图 4-1-30 十字形

②活扳手

活扳手是用来紧固或拆卸带槽螺母的专用工具。它由头部和柄部组成,如图 4-1-31 所示。

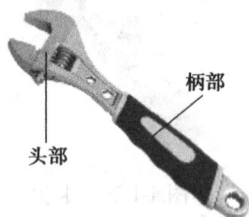

图 4-1-31　活扳手

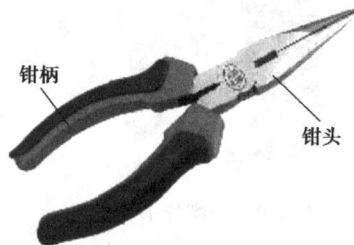

图 4-1-32　尖嘴钳

③尖嘴钳

尖嘴钳是常用的夹持工具。它适用于在狭小的空间操作,如图 4-1-32 所示。

2)加工工具

①切割机

切割机是切割型材、圆钢、工字钢及角铁等的常用(下料)工具,如图 4-1-33 所示。

②电焊机

电焊机是常用的焊接工具,如图 4-1-34、图 4-1-35 所示。

图 4-1-33　切割机

图 4-1-34　电焊机体

图 4-1-35　鳄鱼夹及电焊钳

③手枪钻

手枪钻是常用的钻孔工具,如图 4-1-36、图 4-1-37 所示。

图 4-1-36　手枪钻

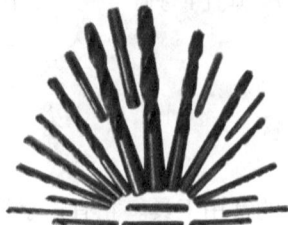

图 4-1-37　钻头

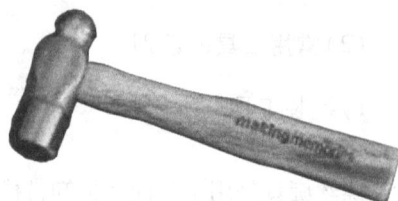

图 4-1-38　锤子

④锤子

锤子是常用的敲击工具,如图 4-1-38 所示。

活动 2　现场加工

学习目标

1. 会制作托盘式桥架,并熟练掌握其加工方法。
2. 会制作支架、吊架。
3. 掌握桥架的选用方法。
4. 了解桥架验收的步骤和方法。

桥架的加工主要有自制桥架,以及自制支架、吊架等。

学习过程

(1)桥架加工制作

1)桥架制作

①自制托盘式桥架

步骤如下:

a. 根据设计尺寸在白铁皮上画线。

b. 用专用剪刀沿线剪切,除去多余部分,去除毛刺。

c. 用锤子沿线均匀敲击,直到成为托盘式桥架的样子,如图 4-2-1 所示。

图 4-2-1　托盘式桥架

d. 用手枪钻在相应的位置钻孔,如图 4-2-2 所示。

图 4-2-2　带安装孔的桥架

②桥架连接操作

步骤如下:

a. 根据建筑物的实际情况,量好长度,并切割桥架。

b. 将桥架与附件对接在一起,并拼好。

c. 用螺栓和螺母联接起来。

d. 连接好地线。

2)支吊架的制作

①三角形支架的制作

步骤如下:

a. 按要求截取适当长度的角铁,如图 4-2-3、图 4-2-4 所示。

图 4-2-3　用切割机截取角铁

图 4-2-4　角铁

b. 在角铁的适当位置钻出安装孔,如图 4-2-5 所示。

c. 将该处的角铁焊接成为三角形支架,如图 4-2-6 所示。

图 4-2-5　在角铁上钻出安装孔

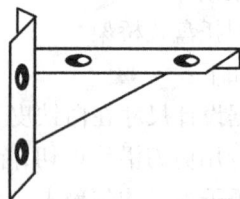

图 4-2-6　焊接成三角形支架

d. 除去铁锈(用角磨机去铁锈,见图 4-2-7),并刷防锈漆。

图 4-2-7　角磨机

②横担式吊架的制作

步骤如下:

a. 按要求截取适当长度的角铁和圆钢,如图 4-2-8、图 4-2-9 所示。

b. 在角铁的适当位置钻出安装孔,圆钢上攻出螺纹,如图 4-2-10 所示。

图 4-2-8　角钢　　　　　　图 4-2-9　圆钢　　　　图 4-2-10　带安装孔的角钢

c. 用螺栓联接将角铁及圆钢拼凑成横担式吊架,如图 4-2-11 所示。

d. 除去铁锈,并刷防锈漆。

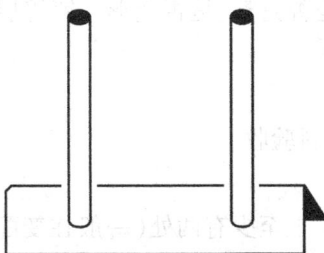

图 4-2-11　横担式吊架

(2)桥架的选用

桥架一般适用于敷设计算机电缆、通信电缆、热电偶电缆及其他高灵敏系统的控制电缆等。桥架的安装方式主要有沿顶板安装、沿墙水平或垂直安装、沿竖井安装等方式。铺设电缆就要用桥架,设计选型过程应根据弱电各个系统缆线的类型、数量,合理选定适用的桥架。电缆桥架具有品种全、应用广、强度大、结构轻、造价低、施工简单、配线灵活、安装标准及外形美观等特点。

梯级式电缆桥架具有质量轻、成本低、造型别具、安装方便、散热透气好等优点。它适用于一般直径较大电缆的敷设,适用于高、低压内链动力电缆的敷设。

托盘式电缆桥架是石油、化工、轻工、电信等方面应用最广泛的一种。它具有质量轻、载荷大、造型美观、结构简单、安装方便等优点。它既适用于动力电缆的安装,也适用于控制电缆的敷设。

槽式电缆桥架是一种全封闭型电缆桥架。它最适用于敷设计算机电缆、通信电缆、热电偶电缆及其他高灵敏系统的控制电缆等。它对控制电缆屏蔽干扰和重腐蚀环境中电缆的防护都有较好效果。

(3)桥架验收

1)施工过程中检查

以观察检查法为主,主要通过验收人员的目测来确定。

检查内容如下:

①支架、吊架的检测

a. 支架、吊架安装位置是否准确、牢固、可靠。

b. 支架、吊架安装是否美观,路由是否合理。

c. 安装完成后,自制支架、吊架是否做防锈漆处理。

②桥架的检测

a. 桥架的总体布置应做到短距、经济、安全、合理的要求。支承桥架的各托臂、支架之间的距离以 1.8 m 左右为宜。

b.桥架与各种管道平行、交叉架设时,其净距离应满足规定要求。

c.桥架与支架、吊架之间应用螺栓固定,螺栓应安装在桥架的外侧或底部。

d.桥架之间所有接点应保持良好的电气连接,桥架应保持可靠的接地。

e.桥架水平敷设长度大于等于 45 m 时,应加伸缩节。

f.桥架安装前,应检查外观是否完整、是否变形。镀锌层表面是否均匀,有无毛刺、划痕,有无局部镀锌缺陷。

2)完工验收

完工验收包括质量验收和资料验收。

①质量验收内容

a.金属桥架及支架、吊架全长上至少有两处(一般在变配电室及电气竖井各一处)保持于接地干线相连接。

b.桥架内部不允许有电线、电缆的接头。

c.非镀锌桥架连接点之间要用铜芯接地线跨接在桥架本体两端,且接地线的最小截面积不小于 4 mm²。

d.钢制桥架直线段长度超过 30 m 应加伸缩缝。桥架跨越建筑物变形缝时,应设置补偿装置。

e.桥架水平穿越防火隔墙或垂直穿越楼板时,应将所有孔洞做防火密封封堵处理。

②资料验收内容

收集下列资料:

a.绝缘导线与桥架、支吊架产品出厂合格证。

b.桥架配线工程安装预检、自检、互检记录。

c.设计变更洽商记录,竣工图。

d.桥架配线分项工程质量检验评定记录。

e.电气绝缘电阻记录。

活动 3 汇报与评价

(1)学习汇报

以小组为单位,选择实物、展板及文稿的方式,向全班展示,并汇报学习成果。其内容如下:

①常用工具的作用和正确使用方法。

②自制桥架,自制支架、吊架的操作方法和步骤。

③展示自制的桥架,自制支架、吊架,以及支架、吊架的墙面安装作品,并对加工过程中遇到的问题及解决方案进行讲解。

④展示人员分配架构图,说明每位学生在加工过程中所起到的作用。

（2）**综合评价**（见表 4-3-1）

表 4-3-1　综合评价表

评价项目	评价内容	评价标准	评价方式		
			自我评价	小组评价	老师评价
职业素养	安全意识责任意识	1. 作风严谨,遵章守纪,出色地完成任务 2. 遵章守纪,较好地完成任务 3. 遵章守纪,未能完成任务,或虽然完成任务但操作不规范 4. 不遵守规章制度,且不能完成任务			
	学习态度	1. 积极参与教学活动,全勤 2. 缺勤达到本任务总学时的 5% 3. 缺勤达到本任务总学时的 10% 4. 缺勤达到本任务总学时的 15%			
	团队合作	1. 与同学协作融洽,团队合作意识强 2. 与同学能沟通,团队合作能力较强 3. 与同学能沟通,团队合作能力一般 4. 与同学沟通困难,协作工作能力较差			
专业能力	正确使用工具	1. 熟练使用工具,工作完成后能清理现场 2. 熟练使用工具,工作完成后未能清理现场 3. 不能熟练使用工具,工作完成后能清理现场 4. 不会使用工具,工作完成后未能清理现场			
	工件加工	1. 按时完成加工任务,操作步骤正确,工件美观、完整 2. 按时完成加工任务,操作步骤正确,工件完成质量较差 3. 按时完成加工任务,操作步骤不正确,工件完成质量较差 4. 未按时完成加工任务			
	专业常识	1. 按时、完整地完成工作页,问题回答正确 2. 按时、完整地完成工作页,问题回答基本正确 3. 不能完整地完成工作页,问题回答错误较多 4. 未完成工作页			
创新能力		学习过程中提出具有创新性、可行性的建议	加分奖励:		
学生姓名		综合评价			
指导老师		日　期			

加工学习工作页

小组人员分配清单见表4-3-2。

表4-3-2　人员清单

序　号	姓　名	角　色	在小组中的作用	小组评价
1				
2				
3				
4				
5				

材料识别工作页见表4-3-3。

表4-3-3　材料单

名　称	组成材料	组成部分	适用场所	不适用场所	图　片
托盘式桥架及附件					
梯架式桥架及附件					
槽式桥架及附件					

工具识别工作页见表4-3-4。

表4-3-4　工具单

名　称	作　用	结　构	使用要求	注意事项
螺丝旋具				
活扳手				
尖嘴钳				
切割机				
电焊机				
手枪钻				

（1）**自制一段托盘式桥架**

其加工尺寸如图 4-3-1 所示。

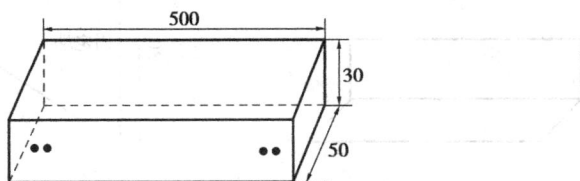

图 4-3-1　托盘式桥架加工图

托盘式桥架加工工作页见表 4-3-5。

表 4-3-5　加工任务单

加工步骤	加工方法	加工要求	注意事项	存在问题及解决措施
白铁皮测量				
白铁皮上画线				
切去多余部分				
用锤子敲出托盘形状				
用手枪钻钻孔				
配螺栓、螺母				
去除端口毛刺				
涂防锈漆				

（2）**用角铁自制一个支架**

其加工尺寸如图 4-3-2、图 4-3-3 所示。

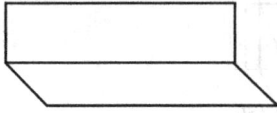

图 4-3-2　角铁外形

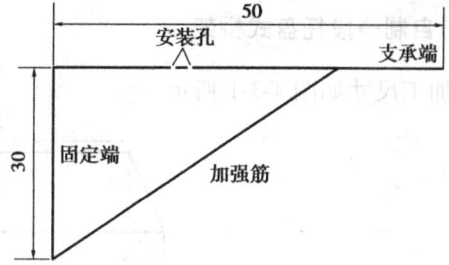

图 4-3-3　三角形支架

自制支架加工工作页见表4-3-6。

表 4-3-6　加工任务单

加工步骤	加工方法	加工要求	注意事项	存在问题及解决措施
测量角铁				
角铁上画线				
用切割机截取角铁				
切割端的毛刺去除				
用电焊机将角铁焊接成支架				
用手枪钻钻安装孔、固定孔				
涂防锈漆				
阴干即可				

（3）用圆钢、角铁自制一个吊架

其形状如图 4-3-4 所示。

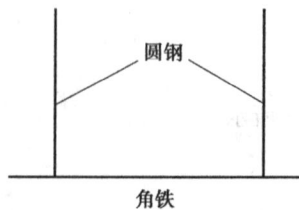

图 4-3-4　横担式吊架

自制吊架加工工作页见表 4-3-7。

表 4-3-7　加工任务单

加工步骤	加工方法	加工要求	注意事项	存在问题及解决措施
测量角铁及圆钢				
在圆钢、角铁上画线				
用切割机截取角铁及圆钢				
用手枪钻钻加工孔				
在圆钢上套丝				
用螺母将圆钢和角铁安装成吊架				
用手枪钻钻安装孔				
涂防锈漆				

任务 5
导线的连接及绝缘的恢复

任务目标

1. 熟悉导电材料的种类及特点,能准确选择导电材料。
2. 熟悉导电绝缘材料的种类、特点及型号,能准确选择绝缘材料。
3. 掌握单股导线、七股导线的直线连接,以及 T 字形连接的方法及步骤。
4. 掌握导线连接后的绝缘恢复方法及步骤。
5. 掌握导线端接的方法及步骤,学会选择、使用接线端子。
6. 作业完毕后,能按照电工作业规范清点、整理工具;收集剩余材料,清理作业垃圾。
7. 完成本次作业的评价及评分工作。

工作情境描述

进行单股导线的直线连接及 T 字形连接、七股导线的直线连接及 T 字形连接并恢复绝缘;制作羊眼圈、U 形圈及进行导线终端与接线端子的压接(或焊接),产品要满足连接工艺要求。

活 动 1 熟悉材料及工具

学习目标

1. 熟悉常用绝缘材料的种类、规格和型号。
2. 熟悉常用导线的种类、规格和型号,能正确选择导线。
3. 会正确选择及使用导线加工工具。

学习过程

(1)材料简介

1)绝缘材料

绝缘材料主要作用是隔绝导电体与外界的联系,让电流沿着指定的路径流动,以确保使用者的人身安全;除此之外,它还有机械支承、保护导线、防止短路、防潮、防霉、防电晕、阻燃及灭弧等作用。绝缘材料的电阻率一般都很大,通常为 $10^7 \sim 10^9 \, \Omega \cdot m$。

绝缘材料按照状态,可分为固体绝缘材料、液体绝缘材料和气体绝缘材料 3 类。其中,固体材料又有绝缘子、绝缘塑料、绝缘橡胶及绝缘胶带等类别。液体绝缘材料又有绝缘漆及绝缘油等类别。气体绝缘材料(空气、氮气及六氟化硫)这里暂不做讨论。

①绝缘子

绝缘子有玻璃钢绝缘子、复合材料绝缘子和陶瓷绝缘子等,如图 5-1-1—图 5-1-3 所示。它用于供配电系统及架空线路中,起到支承、隔离及散热等作用,并要求具有足够的绝缘强度及机械强度。

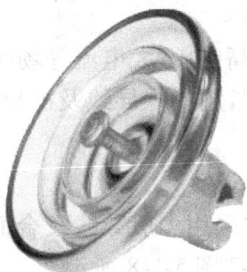

图 5-1-1　玻璃钢绝缘子

图 5-1-2　复合材料绝缘子

图 5-1-3　陶瓷绝缘子

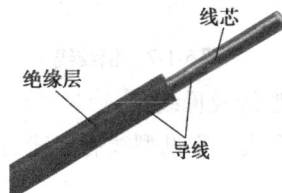

图 5-1-4　导线的塑料外层

②塑料(或橡胶)材料

它主要用于导线的外层,起到隔离及限制电流流过路径的作用。除此之外,还有保护、防潮、防霉等作用,如图 5-1-4 所示。

③绝缘胶带

绝缘胶带主要用于导线连接后的绝缘恢复。通常有电工胶带和电工胶布(又称黑胶布)

两种,如图 5-1-5、图 5-1-6 所示。

图 5-1-5 电工胶带

图 5-1-6 黑胶布

2)导电材料

导电材料一般称为导体,是指电阻率小,导电、导热性能好,线性膨胀系数小,机械强度适中,不易氧化和腐蚀,容易加工和焊接的金属材料。通常是指铜、铝及其合金。按照用途,可分为裸导线、电磁线、电线与电缆及特殊导电材料等种类。

导电材料是工业的"血管"、社会的"神经"、电机的"心脏"。

①裸导线及裸导体制品

这类制品只有导体部分而没有绝缘层和保护层结构,主要用于高电压、大电流等场所(因为电压太高能击穿外层绝缘材料,电流太大绝缘层阻挡其散热)。常用的裸导线及裸导体制品有输电导线及母线两大类。

A. 输电导线

输电导线主要用于架空线路中,作为电能传输的通道。通常它采用多股导线绞合而成。其中,LJ 代表铝绞线,TJ 代表铜绞线,LGJ 代表钢芯铝绞线,如图 5-1-7 图 5-1-8 所示。

图 5-1-7 铝绞线

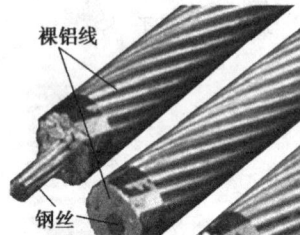

图 5-1-8 钢芯铝绞线

B. 型线及母线

a. 型线。常见型线有扁线、铜带及电车线等,如图 5-1-9—图 5-1-11 所示。

图 5-1-9 扁线

图 5-1-10 铜带

图 5-1-11 电车线

扁线、铜带主要用于电机、安装配电设备及其他电工设备上。

电车线用于城市无轨电车上,负责给电车输送电能。

b. 母线。主要用于室内变配电装置上,连接变压器、配电设备与电源之间的通路,作主干线用。按材料,可分为铜母线和铝母线两类;按形态,可分为软母线、硬母线和封闭母线 3 类,如图 5-1-12—图 5-1-14 所示。

图 5-1-12　软母线

图 5-1-13　硬母线

②电磁线

电磁线是指专用于电能与磁能相互转换的带绝缘层的导线。它通常用来绕制电动机、变压器的绕组、低压电器的线圈(如接触器线圈)或电工仪表的绕组。按照绝缘层材料的不同,可分为漆包线和绕包线等。

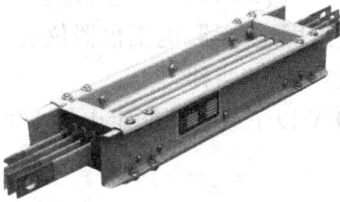

图 5-1-14　封闭母线

图 5-1-15　漆包线

A. 漆包线

漆包线是指在铜线芯外面均匀的覆盖上一层绝缘漆的电磁线。它常用于绕制中小型电动机、干式变压器的绕组,如图 5-1-15 所示。

漆包线按照耐热等级,可分为 Y,A,E,B,F,H,C 7 个等级,且从前到后极限工作温度逐渐增加。

B. 绕包线

绕包线是指用玻璃丝、绝缘纸或合成树脂薄膜紧密绕包在导线线芯上,形成绝缘层的电磁线。它一般用于大型电工产品上,如图 5-1-16、图 5-1-17 所示。

图 5-1-16　玻璃丝包线

图 5-1-17　绝缘纸包线

③电线与电缆

电线电缆是指用于传输电力、传输信息和实现电磁能转换的这类电工线材产品。电线与电缆并无严格区分,一般将绝缘层结构简单、线芯直径细小、芯数少,性能要求不高的产品,称为电线;将绝缘层厚、有屏蔽层或有护套层的多根导线集中在一起的产品,称为电缆(或电气性能要求较高的单根导线也称为电缆)。电线电缆种类极多,一般分为通用导线电缆和专用导线电缆等两大类。

电线与电缆一般由导体、绝缘、屏蔽及护层4个部分构成。

A. 电线(通用)

按照电线外层绝缘材料不同导线,可分为塑料绝缘电线、橡胶绝缘电线等种类。

a. 塑料绝缘软电线。主要用于各种交流移动电器、直流移动电器、电工仪表、电气设备及自动化装置连接线,如图5-1-18所示。它通常有铜芯与铝芯两种。

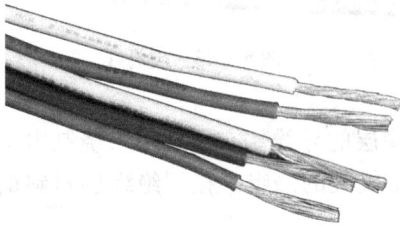

图5-1-18　塑料绝缘软(铜)电线

图5-1-19　塑料绝缘硬电线

b. 塑料绝缘硬电线。主要用于各种交流固定电器、直流固定电器、电工仪器仪表、电信设备、动力照明线路固定敷设,如图5-1-19所示。通常有铜芯与铝芯两种。

c. 橡胶绝缘电线。该类产品适用于交流额定电压500 V以下或直流额定电压1 000 V以下的电气设备及照明装置接线,如图5-1-20所示。

图5-1-20　橡胶绝缘电线

图5-1-21　电力电缆

B. 电缆

a. 电力电缆。主要用于配电网及工业装置中,进行电能的输送和分配,如图5-1-21—图5-1-23所示。

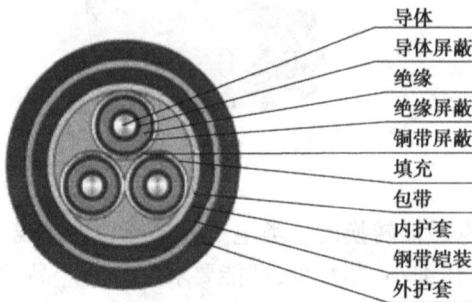

导体
导体屏蔽
绝缘
绝缘屏蔽
铜带屏蔽
填充
包带
内护套
钢带铠装
外护套

图5-1-22　中、低压电力电缆结构图

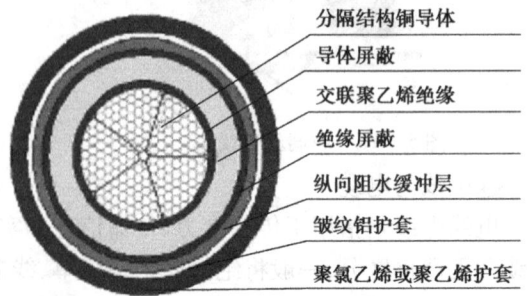

分隔结构铜导体
导体屏蔽
交联聚乙烯绝缘
绝缘屏蔽
纵向阻水缓冲层
皱纹铝护套
聚氯乙烯或聚乙烯护套

图5-1-23　高压电力电缆结构图

b. 射频电缆。适用于无线电通信及有线电视系统中,传输图像及声音信号,如图 5-1-24 所示。

c. 网络数据电缆。通常又称为网线,适用于计算机网络中,传输数据信息,如图 5-1-25、图 5-1-26 所示。

d. 控制电缆。适用于交流额定电压 450/750 V 及以下控制、监控回路及保护线路等场合使用,如图 5-1-27 所示。

④特殊导电材料

A. 电刷

由石墨(碳元素)及金属引出极两部分组成。它主要用于电机内部与换向器之间构成滑动的电连接,如图 5-1-28 所示。

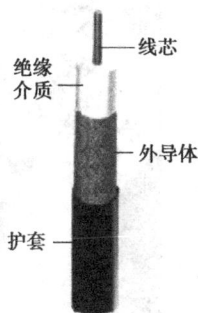

图 5-1-24 射频电缆

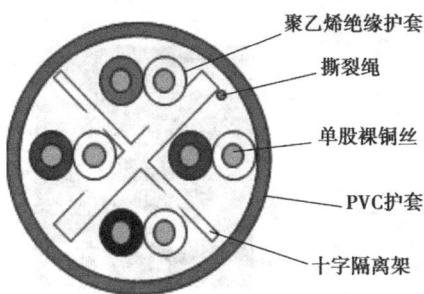

图 5-1-25 六类双绞线(网线)结构图

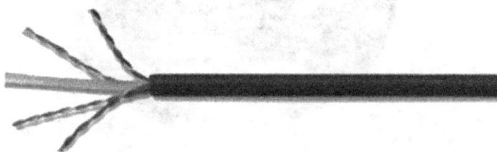

图 5-1-26 六类双绞线(网线)

图 5-1-27 控制电缆

图 5-1-28 电刷

B. 熔体材料

熔体材料主要用于电路的短路保护,有时也能起到过载保护的作用。它一般由易熔金属铅及其合金等组成,如图 5-1-29、图 5-1-30 所示。

C. 触头材料

触头材料主要应用于开关类电气元器件上。它用于接通、断开电路,控制电气设备的工作状态。它一般由纯铜、合金及黄铜钢等具有高熔点的金属材料组成,如图 5-1-31、图 5-1-32 所示。

D. 电热材料

它用于制造各种电热器及加热设备的发热元件,如图 5-1-33、图 5-1-34 所示。它能将电能转换成热能。它一般由镍铬合金、铁铬铝合金组成。

图 5-1-29　保险丝

图 5-1-30　保险管

图 5-1-31　触点

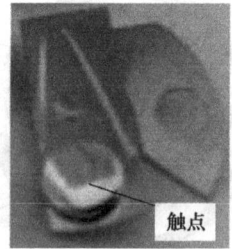

触点

图 5-1-32　触头

图 5-1-33　电热丝

图 5-1-34　发热元件

E. 电阻材料

电阻材料主要用来绕制各种电阻器,如图 5-1-35、图 5-1-36 所示。它一般由康铜和镍铬合金组成。

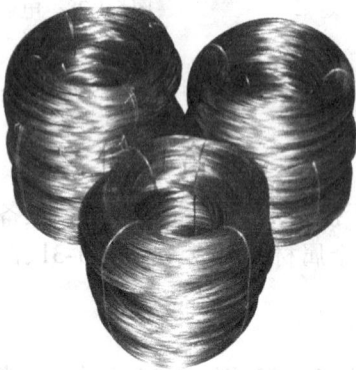

图 5-1-35　电阻丝

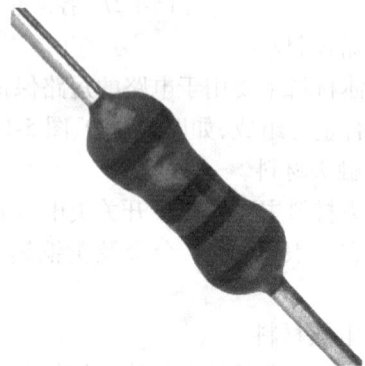

图 5-1-36　电阻器

（2）**常用工具的识别**

1）常用的电线电缆加工工具

①尖嘴钳

尖嘴钳是常用夹持工具，适用于在狭小的空间操作，如图
5-1-37 所示。

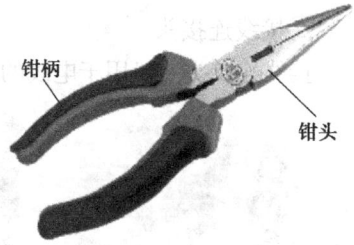

②剥线钳

剥线钳是专用导线绝缘剖削工具，如图 5-1-38、图 5-1-39 所示。

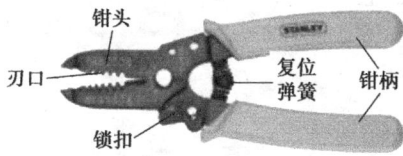

图 5-1-37　尖嘴钳

图 5-1-38　简易剥线钳

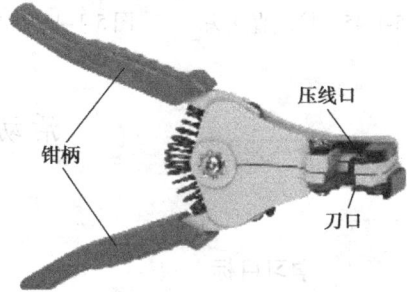

图 5-1-39　剥线钳

③电工刀

电工刀是电工常用的切削工具。它一般由刀片、刀把和刀挂组成，如图 5-1-40 所示。

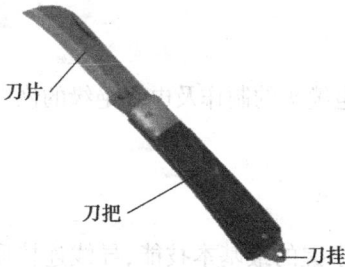

图 5-1-40　电工刀

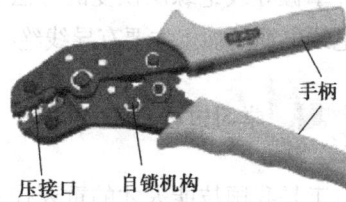

图 5-1-41　压线钳

④压线钳

压线钳是导线和接线端子压接在一起的压合工具。它一般由手柄、压接口等部分组成，如
图 5-1-41 所示。

2）常用附件

①接线端子

接线端子一般用于电线与设备连接的过渡元件。其中，接线鼻主要用于电线和圆形垫片
的过渡连接；接线耳主要用于电线和瓦形垫片的过渡连接；接线卡子主要用于电线和设备的插
接，如图 5-1-42—图 5-1-44 所示。

图 5-1-42　接线鼻

图 5-1-43　接线耳

图 5-1-44　接线卡子

②接线连接头

接线连接头一般用于电线的直线连接,起着延长电线的作用,如图 5-1-45—图 5-1-47 所示。

图 5-1-45　接线直通头　　　图 5-1-46　接线夹　　　图 5-1-47　用接线夹连接导线实物图

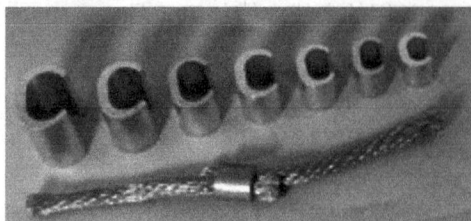

活 动 2　现 场 加 工

学习目标

1. 会刨削导线的绝缘层,并熟练应用。
2. 会单股导线的连接方法。
3. 会七股导线的连接方法。
4. 掌握导线绝缘层恢复的方法和步骤。

电线电缆的加工主要有导线绝缘的刨削、导线的连接、电缆头的制作及电线绝缘的恢复等。

学习过程

电工是我国技能人才的重要代表,导线连接是电工需掌握的最基本技能,导线连接质量的好坏能够直观判断一名电工是否掌握工种所需的高技能。

(1)**导线绝缘的刨削方法**

1)单股导线绝缘层的刨削

刨削工具可以是剥线钳,也可以是电工刀。

①用简易剥线钳刨削方法

a. 根据导线的线径选择一个合适的刃口,即刃口直径大于线芯的直径而小于绝缘层的直径。

b. 剥线钳能顺利剥离线芯直径为 0.5~2.5 mm 导线外部的塑料或橡胶绝缘层。

图 5-2-1　剥线钳

c. 打开钳头上的锁扣,在复位弹簧的作用下,钳口张开,如图 5-2-1 所示。

d. 将要刨削的导线放在两钳口之间,选择好要刨削的长度。向下压合钳柄。

e. 一只手拉着导线的一端,另一只手轻压钳柄向

反方向拉,除去导线外层的绝缘。

②用剥线钳刨削方法

a. 根据导线的粗细型号,选择相应的剥线刀口。

b. 将准备好的导线放在剥线工具的刀刃中间,选择好要剥线的长度,如图 5-2-2 所示。

c. 握住剥线工具手柄,压线口夹住导线,刀口缓缓用力使导线绝缘层慢慢剥落,如图 5-2-3 所示。

d. 松开工具手柄,取出导线,这时线芯整齐露出外面,其余绝缘塑料完好无损,如图 5-2-4、图 5-2-5 所示。

图 5-2-2　绝缘导线放入剥线钳　　图 5-2-3　压手柄　　图 5-2-4　分开绝缘层　　图 5-2-5　去除绝缘层

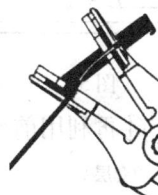

③用电工刀刨削方法

电工刀一般用来刨削直径较大的电线、电缆的绝缘层。

a. 选择好要刨削的长度。一只手握着导线,另一只手拿着电工刀,如图 5-2-6 所示。

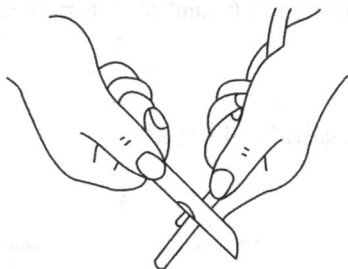

图 5-2-6　电工刀放置在导线上　　　　图 5-2-7　45°切入

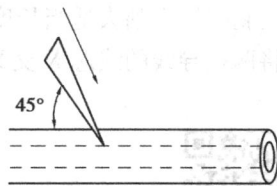

b. 将电工刀的刀口沿 45°切入导线绝缘层,碰到金属线芯(即硬物)时停止切入,如图 5-2-7 所示。

c. 将电工刀改成 25°向外平推,将导线外绝缘层切出一个缺口,如图 5-2-8 所示。

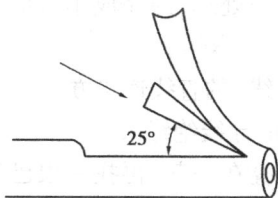

图 5-2-8　25°向外平推　　　　图 5-2-9　绝缘层翻转后切除

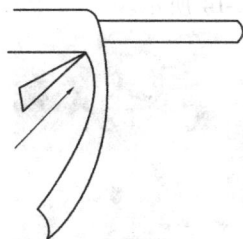

d. 将剩余的绝缘层翻转过来,再用电工刀切除剩余部分绝缘即可,如图 5-2-9 所示。

2)护套线绝缘层的刨削方法

①选择好要刨削的长度,并将护套线放置在硬物平面上。

②将电工刀的刀头沿护套线内导线间的缝隙处向下切入,切入深度要合适,如图 5-2-10 所示。

③将切开的护套层翻转过来,再用电工刀切除护套层,如图 5-2-11 所示。

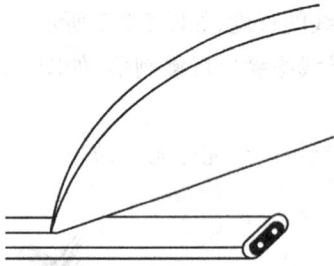

图 5-2-10　缝隙处切入

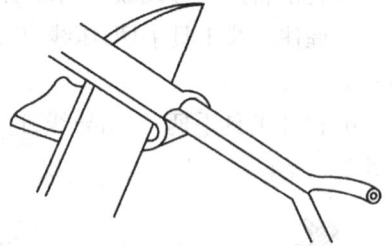

图 5-2-11　翻转护套层并切除

④再利用前面的方法去除导线的绝缘层即可,如图 5-2-12 所示。

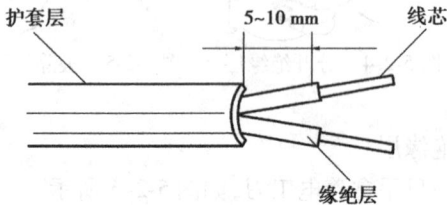

图 5-2-12　切除绝缘层

（2）导线的连接

连接方法（硬电线）如下:

1）单股导线的连接方法

①单股导线的直线连接方法

a. 小截面导线（6 mm² 及以下导线）的直线连接方法:

• 用剥线钳剥削去适当长度的导线绝缘层。

• 将两根导线的线芯 X 交叉,然后互相绞绕 2 ~ 3 圈,如图 5-2-13 所示。

单股导线的直线连接

图 5-2-13　导线 X 交叉

图 5-2-14　互绕 5 ~ 8 圈

• 将一根导线的自由端头扳成直角,然后密绕 5 ~ 8 圈,剪去多余导线,修平接口的毛刺,如图 5-2-14 所示。

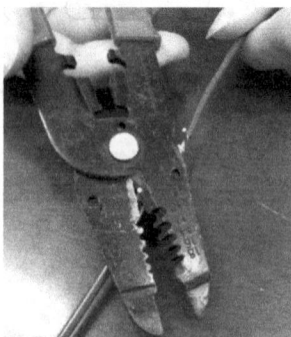

图 5-2-15　去除毛刺

• 另一根导线的自由端也同样处理,即完成小截面导线的直线连接,如图 5-2-15 所示。

b. 大截面导线（6 mm² 以上导线）的直线连接方法:

• 用电工刀剥削去适当长度的导线绝缘层。

• 将两根导线的线芯相对并叠在一起,再找一根已经剥削绝缘的 1.5 mm² 的铜导线芯作辅助线,如图 5-2-16 所示。

• 将并叠在一起的导线及辅助线之间平行放置在一起。用一根裸铜线对这 3 根导线绑扎缠绕。截面积在 6 ~ 16 mm² 的导线缠绕长度为 60 mm;截面积在 16 mm² 以上的导线缠绕长度为 90 mm,如图 5-2-17、图 5-2-18 所示。

图 5-2-16　导线并叠在一起

图 5-2-17　绑扎

②单股导线的 T 字形连接方法

a. 用剥线钳剥削去适当长度的导线绝缘层,如图 5-2-19 所示。

图 5-2-18　成品

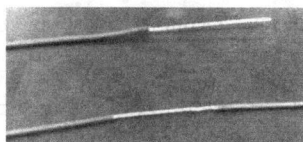

图 5-2-19　剥去绝缘层

b. 将两根导线的线芯十字交叉,自由端(即支线线头)沿干线由前向后绕 360°,然后压着干线并与干线平行,如图 5-2-20 所示。

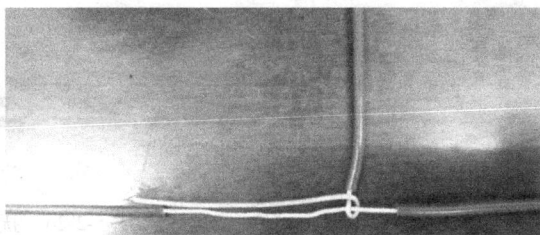

图 5-2-20　绕线

c. 将支线线头扳成直角,然后密绕 5~8 圈,剪去多余导线,修平接口的毛刺,如图 5-2-21 所示。

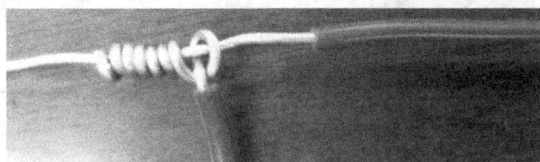

图 5-2-21　成品

d. 支线线头根部应留有 3~5 mm 的余量。

2)七股导线的连接方法

①七股导线的直线连接方法

a. 用电工刀剥削去适当长度的导线绝缘层,如图 5-2-22 所示。

b. 将两个待接线线头的 1/3 处用钢丝钳(或手)绞紧,其余 2/3 处拆开并整理呈伞骨状,如图 5-2-23、图 5-2-24 所示。

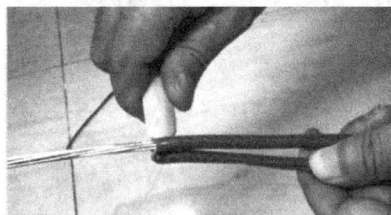

图 5-2-22　去除绝缘层

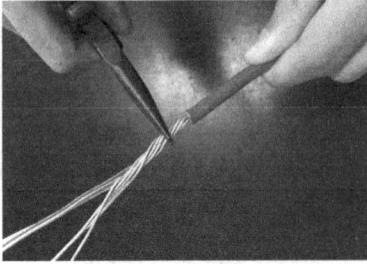

图 5-2-23　根部绞紧

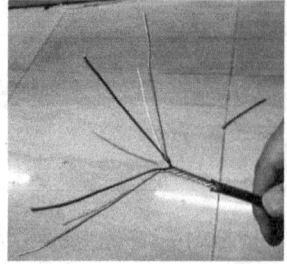

图 5-2-24　制成伞骨状

c.首先将两接线线头隔股对插,插紧后用手将两股线芯捏平,将七股线芯按2∶2∶3的比例分成3组,将第一组2股线头垂直于芯线板起,按顺时针方向紧绕两圈后再扳成直角,使其与芯线平行;然后将第二组2股线头垂直于芯线板起,按顺时针方向紧绕两圈后再扳成直角,使其与芯线平行;最后将第三组3股线头垂直于芯线板起,按顺时针方向紧绕两圈后,剪去前两组线头多余部分,去除毛刺,第三组线头再多绕一圈,剪去多余的线头去除毛刺,如图5-2-25—图5-2-34所示。

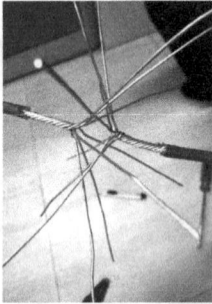

图 5-2-25　对插

图 5-2-26　抚平

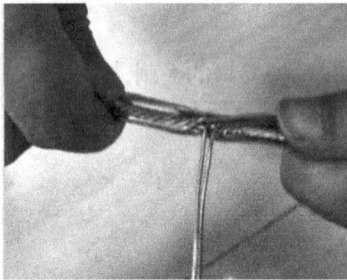

图 5-2-27　第一组板直

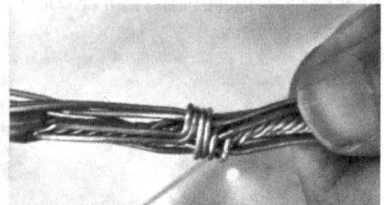

图 5-2-28　第一组密绕

图 5-2-29　第二组板直

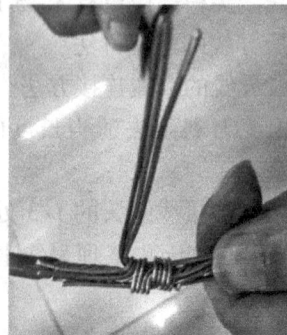

图 5-2-30　第二组密绕

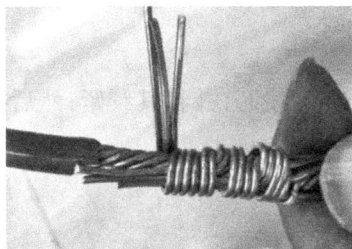

图 5-2-31　第三组板直

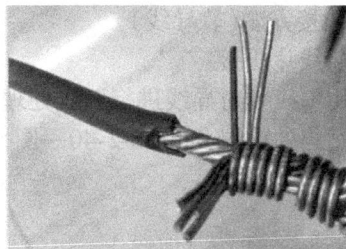

图 5-2-32　第三组密绕

图 5-2-33　剪去多余导线

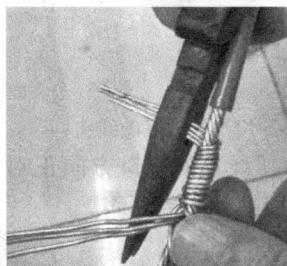

图 5-2-34　去除毛刺

d. 另一根导线也同样处理,完成七股导线的直线连接。

②七股导线的 T 字形连接

a. 用电工刀剥削去适当长度的导线绝缘层。

b. 将支线线头 1/8 处根部绞紧,剩余部分按 3 股 4 股分成两组。

c. 用平口旋具在干线中间部位撬开一个插口,也是按 3 股 4 股分开成为两组,如图 5-2-35 所示。

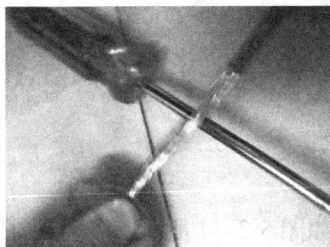

图 5-2-35　分成两组

d. 将直线线头插入干线插口内,绞紧干线,将直线的两组线头沿相反的方向在干线上绕制 4～5 圈,剪去余端,修平切口,如图 5-2-36—图 5-2-39 所示。

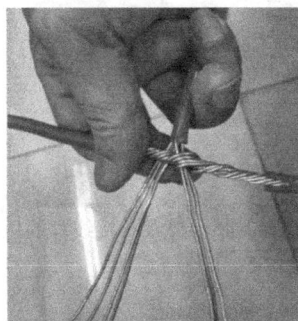

图 5-2-36　插入

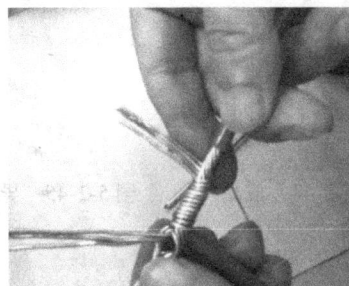

图 5-2-37　第一组密绕

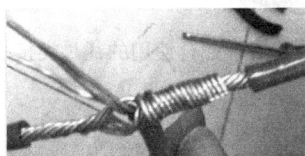

图 5-2-38　第二组密绕

图 5-2-39　成品

3）压接方法（软导线）

①压线片压接

a. 用剥线钳对导线进行剥线处理，剥线后漏出 1.5 mm 的线芯，并将其绞紧；然后插入压线片中适当的位置，如图 5-2-40—图 5-2-42 所示。

图 5-2-40 处理好的线头   图 5-2-41 压线片   图 5-2-42 线头插入压线片中

b. 将压线片的开口方向正对着压线槽方向放入，并使压线片尾部的金属带与压线钳平齐。如图 5-2-43 所示。

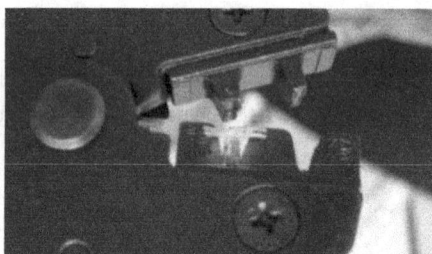

图 5-2-43 压线片放入压线钳钳头位置

c. 压合压线钳手柄；然后取出压线片，完成导线的压接操作，如图 5-2-44 所示。

②其他压接

其他压接的操作方法基本相同，所不同的是压接片的形状有所不同，如接线耳、接线鼻等，如图 5-2-45—图 5-2-48 所示。

图 5-2-44 成品   图 5-2-45 导线与接线鼻的压接   图 5-2-46 导线与接线耳的压接

图 5-2-47 与接线鼻配合使用的垫片类接线端子   图 5-2-48 与接线耳配合使用的瓦片类接线端子

③自制接线耳

A. 单股硬电线制作方法

a. 用剥线钳剥去适当长度的导线绝缘层，如图 5-2-49 所示。

图 5-2-49 剥除绝缘

b. 在线芯的根部 2 ~ 3 mm 的位置用尖嘴钳弯成 75°，如图 5-2-50 所示。

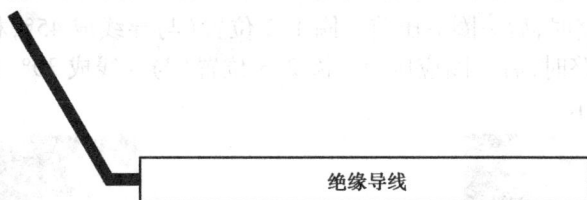

图 5-2-50 弯成 75°

c. 用尖嘴钳夹着线芯的顶部仪表一边弯曲，一边向下移动；直到弯成羊眼圈，且注意羊眼圈的弯折方向为顺时针方向，如图 5-2-51 所示。

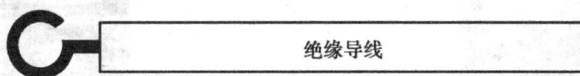

图 5-2-51 成品

B. 多股硬导线制作方法

a. 用电工刀剥削去适当长度的导线绝缘层，且将线芯在 1/2 处绞紧，如图 5-2-52 所示。

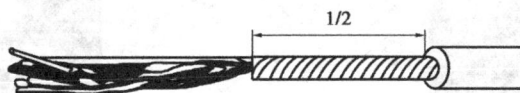

图 5-2-52 根部绞紧

b. 在线芯根部 1/3 处用钢丝钳（或手）弯成 75°，其余绞紧线芯部分弯成一个圆圈（注意应为顺时针方向），如图 5-2-53、图 5-2-54 所示。

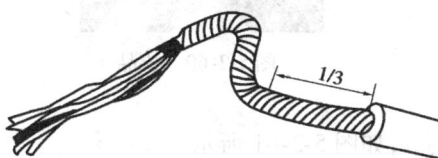

图 5-2-53 线芯根部弯成 75°

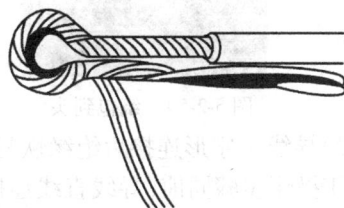

图 5-2-54 其余绞紧部分弯成圆圈

c. 将该七股线芯按 2∶2∶3 的比例分成 3 组，板起第一组成 90°，然后密绕两圈；同样，板起第二组成 90°，然后密绕两圈；最后板起第三组成 90°，然后密绕两圈；剪去多余的线头，去除毛刺，如图 5-2-55、图 5-2-56 所示。

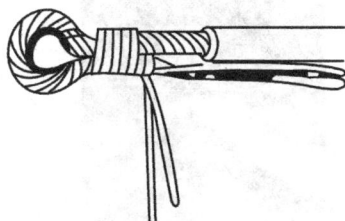

图 5-2-55 第一组线芯密绕两圈

图 5-2-56 压圈成品

（3）导线绝缘的恢复

1）导线直线连接后绝缘恢复

①从导线连接处一端的绝缘层开始，用绝缘胶带缠绕一圈后，向后绕行，如图 5-2-57 所示。

②包绕 220 V 线路时，后一圈应压前一圈 1/2 位置（与导线成 45°，相当于包绕两层绝缘胶带）；包绕 380 V 线路时，后一圈应压前一圈 2/3 位置（与导线成 30°，相当于包绕 3 层绝缘胶带），如图 5-2-58 所示。

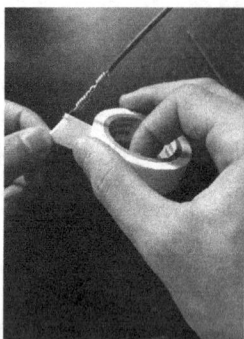

图 5-2-57　根部绕包起　　　　　　　　　　　图 5-2-58　层叠绕包

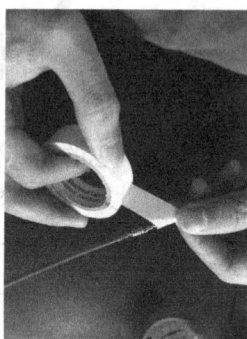

③一直缠绕到导线连接处另一端的绝缘层处为止，如图 5-2-59、图 5-2-60 所示。

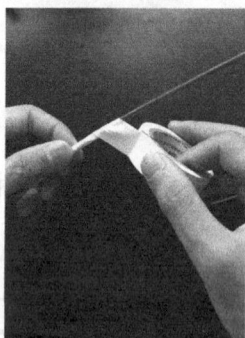

图 5-2-59　绕包到头　　　　　　　　　　　图 5-2-60　成品

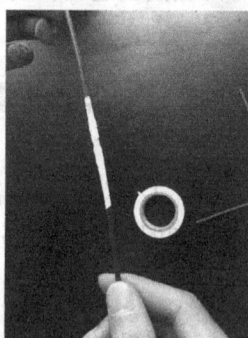

2）导线 T 字形连接后绝缘恢复

①操作步骤同前（导线直线连接后绝缘恢复方法），如图 5-2-61 所示。

②当绕至连接处时，绝缘胶带应沿支线从上向下缠绕，绕至绝缘层后，再沿支线从下向上缠绕，如图 5-2-62、图 5-2-63 所示。

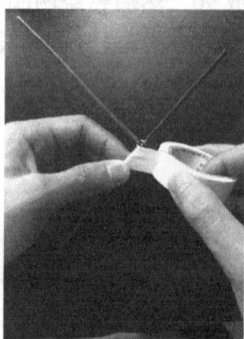

图 5-2-61　一端绕包起　　　　　　　　　　　图 5-2-62　绕包到分支处

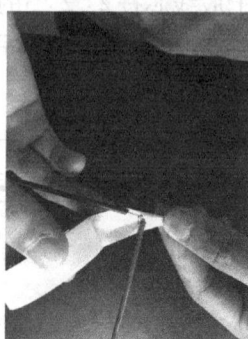

③恢复干线另一侧的绝缘,如图 5-2-64 所示。

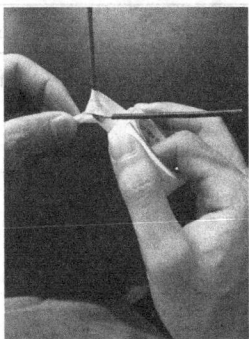

图 5-2-63　绕包到支线上

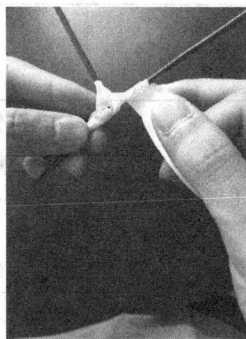

图 5-2-64　成品

活动 3　汇报与评价

(1)学习汇报

以小组为单位,选择实物、展板及文稿的方式,向全班展示、汇报学习成果。其内容如下:
①常用工具的作用和正确使用方法。
②导线的刨削、连接及绝缘恢复操作方法和步骤。
③展示自制羊眼圈、接线端子的压接、单股导线的(直线、T 字)连接、七股导线的(直线、T字)连接等作品,并对加工过程中遇到的问题及解决方案进行讲解。
④展示人员分配架构图,说明每位学生在加工过程中所起的作用。

(2)综合评价(见表 5-3-1)

表 5-3-1　综合评价表

评价项目	评价内容	评价标准	评价方式		
			自我评价	小组评价	老师评价
职业素养	安全意识 责任意识	1.作风严谨,遵章守纪,出色地完成任务 2.遵章守纪,较好地完成任务 3.遵章守纪,未能完成任务,或虽然完成任务 　但操作不规范 4.不遵守规章制度,且不能完成任务			
	学习态度	1.积极参与教学活动,全勤 2.缺勤达到本任务总学时的 5% 3.缺勤达到本任务总学时的 10% 4.缺勤达到本任务总学时的 15%			
	团队合作	1.与同学协作融洽、团队合作意识强 2.与同学能沟通、团队合作能力较强 3.与同学能沟通、团队合作能力一般 4.与同学沟通困难、协作工作能力较差			

续表

评价项目	评价内容	评价标准	评价方式		
			自我评价	小组评价	老师评价
专业能力	正确使用工具	1.熟练使用工具,工作完成后能清理现场 2.熟练使用工具,工作完成后未能清理现场 3.不能熟练使用工具,工作完成后能清理现场 4.不会使用工具,工作完成后未能清理现场			
	工件加工	1.按时完成加工任务,操作步骤正确,工件美观、完整 2.按时完成加工任务,操作步骤正确,工件完成质量较差 3.按时完成加工任务,操作步骤不正确,工件完成质量较差 4.未按时完成加工任务			
	专业常识	1.按时、完整地完成工作页,问题回答正确 2.按时、完整地完成工作页,问题回答基本正确 3.不能完整地完成工作页,问题回答错误较多 4.未完成工作页			
创新能力		学习过程中提出具有创新性、可行性的建议	加分奖励:		
学生姓名		综合评价			
指导老师		日　期			

加工学习工作页

（1）施工前准备

小组人员分配清单见表5-3-2。

表 5-3-2　人员清单

序　号	姓　名	角　色	在小组中的作用	小组评价
1				
2				
3				
4				
5				

材料识别工作页见表 5-3-3。

表 5-3-3　材料清单

名　称	组成材料	组成部分	适用场所	不适用场所	图　片
裸导线及裸导体制品					
电磁线					
电线与电缆					
常用的连接附件					

工具识别工作页见表 5-3-4。

表 5-3-4　工具清单

名　称	作　用	结　构	使用要求	注意事项
剥线钳				
电工刀				
尖嘴钳				
压线钳				

（2）加工

1）自制10个羊眼圈

其加工尺寸如图5-3-1所示。

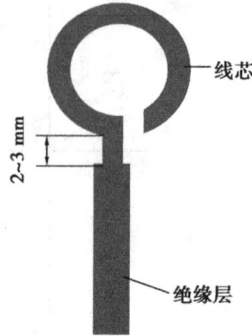

图5-3-1　羊眼圈

羊眼圈加工工作页见表5-3-5。

表5-3-5　加工清单

加工步骤	加工方法	加工要求	注意事项	存在问题及解决措施
绝缘层的刨削				
弯制羊眼圈				
去除毛刺清理现场				

2）单股导线的连接（一字、T字）

其加工尺寸如图5-3-2、图5-3-3所示。

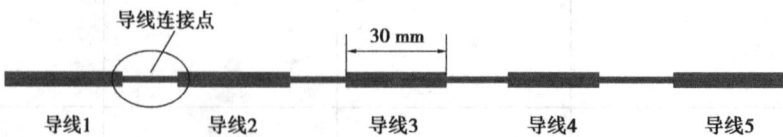

图5-3-2　5段导线的一字形连接

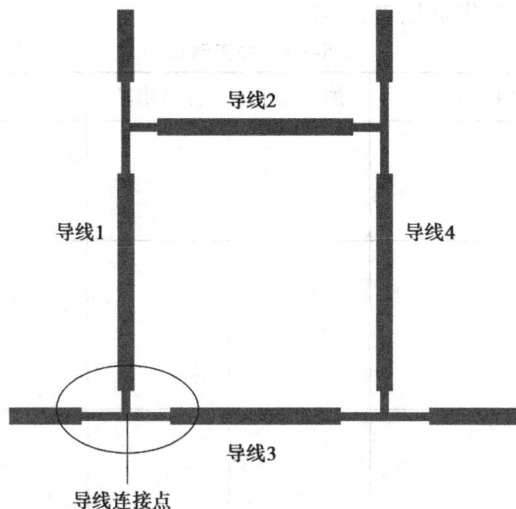

图 5-3-3　4 根导线的 T 字形连接

①单股导线连接加工工作页见表 5-3-6。

表 5-3-6　加工清单

加工步骤	加工方法	加工要求	注意事项	存在问题及解决措施
导线绝缘层的刨削				
两线头 X 交叉				
一端线头板起密绕				
另一端线头板起密绕				
剪去多余部分修理毛刺				
导线绝缘层的刨削				
干线和支线十字交叉				
自由端密绕				
剪去多余部分修理毛刺				

②七股导线连接加工工作页见表 5-3-7。

表 5-3-7　加工清单

加工步骤	加工方法	加工要求	注意事项	存在问题及解决措施
导线绝缘层的刨削				
在根部 1/3 处绞紧其余部分拆开成伞状				
将线芯分成 3 组分别密绕				
剪去多余部分修理毛刺				
导线绝缘层的刨削				
绞紧干线后撬开一个开口				
支线线芯 3/4 分组并将一组插入开口处				
自由端密绕				
剪去多余部分修理毛刺				

3）绝缘层的恢复

如图 5-3-4 所示,第一、二两连接点按 220 V 电压线路恢复绝缘;第 3,4 两连接点按380 V 电压线路恢复绝缘,加工工作页见表 5-3-8。

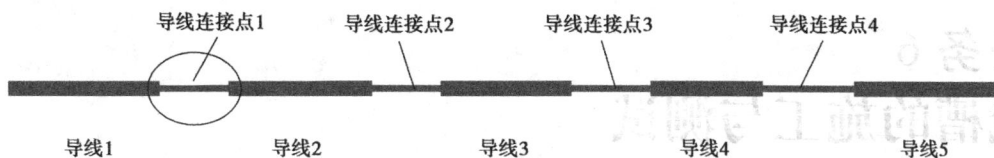

导线连接点1　　　导线连接点2　　　导线连接点3　　　导线连接点4

导线1　　　　　导线2　　　　　导线3　　　　　导线4　　　　　导线5

图 5-3-4　直线连接和恢复绝缘

表 5-3-8　加工清单

加工步骤	加工方法	加工要求	注意事项	存在问题及解决措施
在导线绝缘层处先缠绕 1~2 圈				
后一圈压前一圈 1/2 连续缠绕				
缠绕到另一端导线绝缘层处				
剪除多余的绝缘胶带				
在导线绝缘层处先缠绕 1~2 圈				
后一圈压前一圈 2/3 连续缠绕				
缠绕到另一端导线绝缘层处				
剪除多余的绝缘胶带				

任务6
线槽的施工与测试

任务目标

1. 熟悉线槽施工的标准、规范及要求。
2. 熟悉线槽施工的步骤、方法及适用范围。
3. 掌握照明线路的控制原理、安装方法及技巧。
4. 会熟练使用线槽安装工具。
5. 掌握照明元件安装位置图、照明电路路由图及标注。
6. 作业完毕后能按照电工作业规范清点、整理工具;收集剩余材料,清理作业垃圾。
7. 完成本次作业的评价及评分工作。

工作情境描述

按照施工要求完成一间房间的照明线路的线槽安装(包括一控一灯一插照明线路和一控两灯三插照明线路的安装与测试)。

活动1 施工标准及安装规范

学习目标

1. 熟悉线槽施工标准及安装规范的要求。
2. 学会识读照明元件安装位置图及标注。
3. 学会识读照明电路施工图及标注。
4. 了解线槽适用的安装范围。

学习过程

（1）线槽施工工艺标准

依据标准如下：

①《建筑工程施工质量验收统一标准》（GB 50300—2001）。

②《建筑电气工程施工质量验收规范》（GB 50303—2002）。

③《建筑与建筑群综合布线系统工程验收规范》（GB/T 50312—2000）。

其主要内容包括适用范围、施工准备、操作工艺、质量标准 4 个方面，如图 6-1-1 所示。

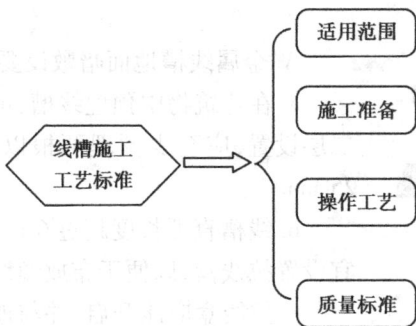

图 6-1-1　线槽施工工艺标准

1）范围

本工艺标准适用于建筑物内照明系统及小负荷电力系统安装工程。它主要用于老旧建筑物的明装敷设。常用的有塑料线槽和金属线槽两种。

2）施工准备

①材料要求

a.电线所附标志、标签内容应齐全、清晰。电缆外护套须完整无损。

b.金属线槽型号规格，应符合设计要求，金属线槽及其附件：应采用经过镀锌处理的定型产品。其型号规格应符合设计要求。线槽内外应光滑平整，无孔不入棱刺，不应有扭曲、翘边等变形现象，并有产品合格证。

c.塑料线槽及其附件型号规格应符合设计要求，并选用相应的定型产品。其敷设场所的环境温度不得低于−15 ℃，其阻燃性能氧指数不应低于 27%。线槽内外应光滑无棱刺，不应有扭曲、翘边等变形现象，并有产品合格证。

②主要机具与测试设备

a.手锤、錾子、扁锉、圆锉、活扳子、尖嘴钳。

b.铅笔、皮尺、水平尺、线坠、粉线袋。

c.手电钻、射钉枪、工具箱、高凳等。

d.测试仪表和设备、万用表、摇表等。

3）操作工艺

①工艺流程

其工艺流程如图6-1-2所示。

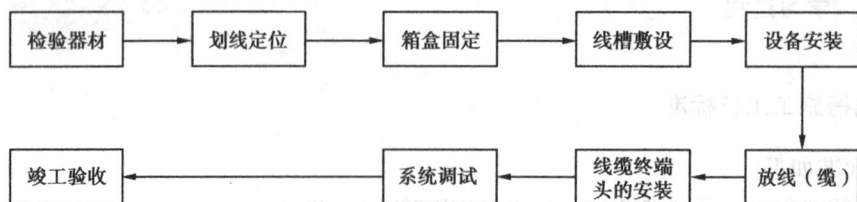

```
检验器材 → 划线定位 → 箱盒固定 → 线槽敷设 → 设备安装
                                              ↓
竣工验收 ← 系统调试 ← 线缆终端头的安装 ← 放线（缆）
```

图6-1-2　工艺流程

②器材检验

施工前,应对器材的外观、规格、标志、产品技术文件资料、产品合格证等进行检查及验收。

③线槽敷设

A.金属线槽地面暗敷设要求

a.在建筑物中预埋线槽,可根据其尺寸不同,按一层或二层设置,应至少预埋两根以上,线槽截面高度不宜超过25 mm。

b.线槽直埋长度超过6 m或在线槽路由交叉、转弯时,宜设置拉线盒,以便于布放缆线和维修。

c.拉线盒应能开启,并与地面齐平,盒盖处应采取防水措施。

d.线槽宜采用金属管引入分线盒内,如图6-1-3所示。

B.格形楼板下暗敷设格形线槽和沟槽要求

图6-1-3　金属线槽地面暗敷设示意图

a.格形线槽与沟槽构成,如图6-1-4所示。

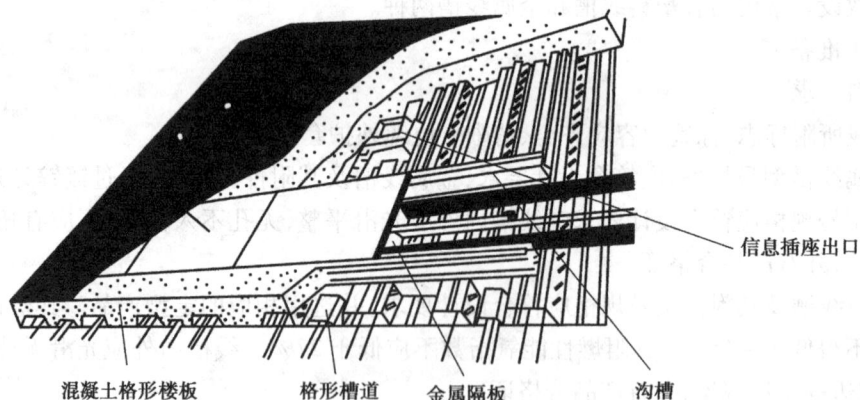

信息插座出口

混凝土格形楼板　　格形槽道　　金属隔板　　沟槽

图6-1-4　暗敷设格形线槽和沟槽结构图片

b.沟槽盖板可开启,并与地面平齐,盖板和信息插座出口处应采取防水措施。

在吊顶内设置时,槽盖开启面应保持80 mm的垂直净空,线槽截面利用率不应超过50%。

④盒箱安装

A.信息插座安装

a.安装在活动地板或地面上,应固定在接线盒内,插座面板有直立生活水平等形式,接线盒盖可开启,并应严密防水、防尘。接线盒盖面应与地面平齐。

　　b. 安装在墙体上,宜高出地面 30 mm,如地面采用活动地板时,应加上活动地板内净高尺寸。

　　c. 固定螺钉需拧紧,不应产生松动现象。

　　d. 信息插座应有标签,以颜色、图形、文字表示所接终端设备类型。

　　B. 交接箱或暗线箱宜暗设在墙体内,预留墙洞安装,箱底高出地面宜为 500～1 000 mm。

　　⑤设备安装

　　A. 机架安装要求

　　a. 机架安装完毕后,水平度、垂直度应符合厂家规定。如无厂家规定时,垂直度偏差不应大于 3 mm。

　　b. 机架上的各种零件不得脱落或碰坏。漆面如有脱落应予以补漆,各种标志完整清晰。

　　c. 机架的安装应牢固,应按设计图的防震要求进行加固。

　　d. 安装机架面板、架前应留有 1.5 m 空间,机架背面离墙距离应大于 0.8 m,以便于安装和施工。

　　e. 壁挂式机框底距地面宜为 300～800 mm。

　　B. 配线设备机架安装要求

　　a. 采用下走线方式、架底位置应与电缆上线孔相对应。

　　b. 各直列垂直倾斜误差不应大于 3 mm,底座水平误差每平方米不应大于 2 mm。

　　c. 接线端子各种标志应齐全。

　　C. 各类接线模块安装要求

　　a. 模块设备应完整无损,安装就位、标志齐全。

　　b. 安装螺钉应拧牢固,面板应保持在一个水平面上。

　　D. 接地要求

　　安装机架,配线设备及金属钢管、槽道、接地体,保护接地导线截面、颜色应符合设计要求。并保持良好的电气连接,压接处牢固、可靠。

　　⑥缆线敷设

　　A. 缆线敷设一般应符合的要求

　　a. 缆线布放前应核对型号规格、程式、路由及位置与设计规定相符。

　　b. 缆线的布放应平直,不得产生扭绞、打圈等现象,不应受到外力的挤压和损伤。

　　c. 缆线在布放前两端应贴有标签,以表明起始和终端位置,标签书写应清晰、端正和正确。

　　d. 电源线、信号电缆、对绞电缆、光缆及建筑物内其他弱电系统的缆线应分离布放。各缆线间的最小净距应符合设计要求。

　　e. 缆线布放时应有冗余。在交接间、设备间对绞电缆预留长度一般为 3～6 m;工作区为 0.3～0.6 m;光缆在设备端预留长度一般为 5～10 m;有特殊要求的应按设计要求预留长度。

　　f. 缆线的弯曲半径应符合下列规定:

　　●排屏蔽 4 对对绞电缆的弯曲半径应至少为电缆外径的 4 倍,在施工过程中应至少为 8 倍。

　　●屏蔽对绞电缆的弯曲半径应至少为电缆外径的 6～10 倍。

　　●主干对绞电缆的弯曲半径应至少为电缆外径的 10 倍。

　　●光缆的弯曲半径应至少为光缆外径的 1.5 倍,在施工过程中应至少为 20 倍。

g.缆线布放,在牵引过程中,吊挂缆线的支点相隔间距不应大于 1.5 m。

B.线缆固定

a.布放线槽缆线可不绑扎,槽内缆线应顺直,尽量不交叉,缆线不应溢出线槽。在缆线进出线槽部位的转变处应绑扎固定。垂直线槽布放缆线应每间隔 1.5 m 处固定在缆线支架上。

b.在水平、垂直桥架和垂直线槽中敷设缆线时,应对缆线进行绑扎。扣间距应均匀、松紧适度。

c.顶棚内敷设缆线时,应考虑防火要求缆线敷设应单独设置吊架,不得布放在顶棚吊架上,宜放置在金属线槽内布线。缆线护套应阻燃、缆线截面选用应符合设计要求。

d.在竖井内采用明配管、桥架、金属线槽等方式敷设缆线,并应符合以上有关条款要求。竖井内楼板孔洞周边应设置 50 mm 的防水台,洞口用防火材料封堵严实。

⑦缆线终端安装

其要求如下:

a.缆线中间不得产生接头现象。

b.缆线终端处必须卡接牢固、接触良好。

c.缆线终端应符合设计和厂家安装手册要求。

d.对绞电缆与插接件连接应认准线号、线位色标,不得颠倒和错接。

⑧检验项目及内容

阶段分为包括验收项目、验收内容和验收方式 3 个阶段。

检查验收内容如下:

A.环境要求

a.土建施工情况:地面、墙面、门、源插座及接地装置。

b.土建工艺:机房面积、预留孔洞。

c.施工电源。

d.地板铺设:施工前检查。

B.器材检验

a.外观检查。

b.形式、规格、数量。

c.电缆电气性能测试。

d.光纤特性测试:施工前检查。

C.安全防火要求

a.消防器材。

b.危险物的堆放。

c.预留孔洞防火措施:施工前检查。

D.检查验收方式

施工前的检查、随工检验及施工完成后的验收。

(2)识读电气照明电路

1)常见的照明电路图

常见照明电路图一般有照明电路实物图和照明电路原理图等。

与照明电路施工有关的图纸有建筑物平面图、电气元件安装位置图、线路施工图及线路路由图等。

这些图纸是施工、连接照明电路的依据,故要求电工工作人员一定要能够熟练掌握。其中,照明电路原理图是将分离的电气元件连接成一个完整的电气线路的依据,也是分析电路故障的依据。电气元件安装位置图显示的是电气元件的种类、数量、安装高度及安装位置等信息。线路路由图显示的是线路敷设材料、敷设路径和敷设方式等信息。线路施工图显示的是导线的种类、数量和敷设方式等信息。

2)常用电气符号

①电路符号

电路符号主要用于电路原理图中,由图形符号及文字符号两部分组成,见表6-1-1。

表6-1-1 电路符号表

名　称	文字符号	图形符号	名　称	文字符号	图形符号
开关	S		电感器	L	
照明灯	EL	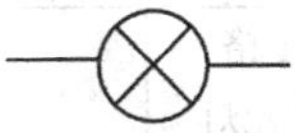	接地线		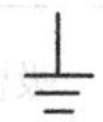
熔断器	FU	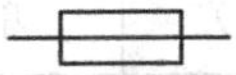	接壳线		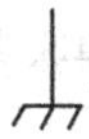 或 
指示灯	HL		电流表	PA	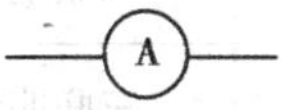 Ⓐ
相交导线			电压表	PV	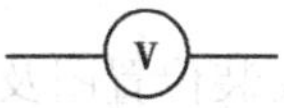 Ⓥ
不相交导线			插头	XP	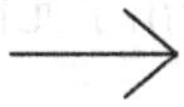 或 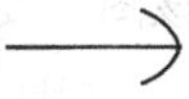 注:单个凸头
电容器	C	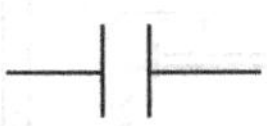	插座	XS	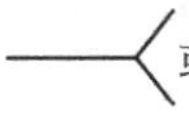 或  注:单个凹头
断路器	QF	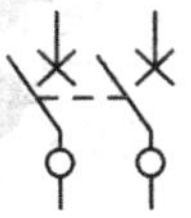	日光灯		 单管(1个灯架 1只日光灯管)
日光灯		双管(1个灯架 两只日光灯管)	日光灯		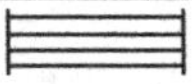 四管(1个灯架 4只日光灯管)

②电气设备符号

电气设备符号主要用于施工图中,常见符号见表6-1-2。

表 6-1-2　电气施工符号表

名　称	安装方式	图　例	名　称	安装方式	图　例
配电箱	明装		照明灯	吸顶或吸壁	
配电箱	暗装		照明灯	吊装	
插座	单相两孔暗装		插座	单相三孔暗装	
插座	单相两孔明装		插座	单相三孔明装	
插座	单相二、三插暗装		电视插座	TV	
插座	单相二、三插明装		网络插座	K	
日光灯	吊装		电话插座	P	
日光灯	吸壁安装		栅格日光灯	吊装	
开关	单联明装		开关	单联暗装	
开关	双联明装		开关	双联暗装	
开关	三联明装		开关	三联暗装	

③安装位置图及施工图

A.电气元件安装位置图

该图主要给出了元件安装位置、高度和安装方式等方面的信息,如图6-1-5所示。

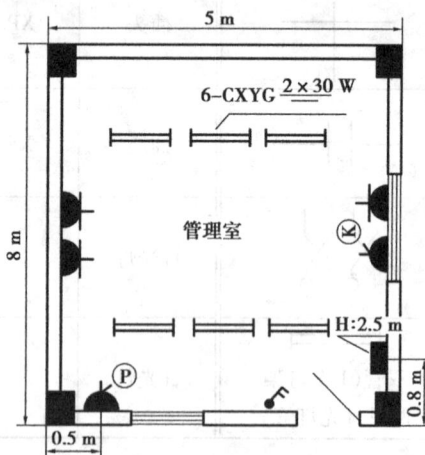

图 6-1-5　元件安装位置图

注意:电气元件安装位置图中的电气元件的文字符号及编号,必须与照明电路原理图及线路施工图等的标注相一致。

识读上面电气元件安装位置图,可得到以下一些信息:

a. 管理室中照明电气元件的种类、数量信息。

管理室内照明设备有 6 盏日光灯，每盏日光灯座内又有 2 个日光灯管。

管理室内电源及信息接口有 5 个接口设备。其中，电源插座 3 个，网络插口 1 个，电话插口 1 个。

管理室内其他设备有双联开关 1 组，配电箱 1 个。

b. 管理室内照明元件安装位置及要求。

• 管理室内日光灯安装位置及要求：

灯具标注的含义为

$$\text{灯具数量}-\text{灯具类型及光源种类}\frac{\text{一盏灯具内灯泡(管)的数量}\times\text{灯泡(管)功率}}{\text{安装高度}}$$

根据上面表达式可知，管理室内共有 6 盏日光灯具，每盏日光灯具内又有 2 个日光灯管，每个日光灯管的功率是 30 W，日光灯具吸顶安装（“－”表示吸顶安装，吊装时要用数字给出安装高度）。

• 管理室内电源及信息插口安装位置及要求：

电源插座安装在管理室的墙壁上，电源插座的种类为单相双孔插座，安装方式为暗装，安装高度没有特殊要求（一般情况下，暗装时电源插座安装高度为 1.2 m），并且全屋插座的安装高度应一致。

电话插座安装在管理室的墙壁上，电话插座安装方式为暗装，安装高度为 1.2 m，并且距离左侧墙面 0.5 m 的位置处。

网络插座安装在管理室的墙壁上，网络插座安装方式为暗装，安装高度为 1.2 m。

• 管理室内其他元件安装位置及要求：

日光灯开关安装在管理室的墙壁上，开关的种类为双联开关（即一个面板上有两个琴键开关），安装方式为暗装，安装高度、位置都没有特殊要求（一般情况下，暗装时开关安装高度为 1.2 m；离门边 150 ~ 200 mm），并且要与插座安装高度一致。

配电箱安装在管理室门后的墙壁上，配电箱安装方式为暗装，安装高度为 2.5 m，并且距离下侧墙面 0.8 m 的位置处（图上要求）。

B. 照明电路施工图

照明电路施工图是反映线路走向及电气元件之间连接关系的施工图纸。它是照明电路施工的重要依据，如图 6-1-6 所示。

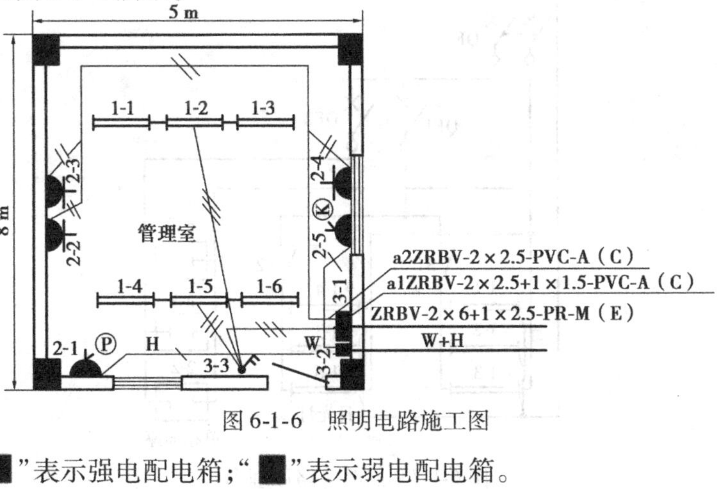

图 6-1-6　照明电路施工图

图中，“■”表示强电配电箱；“■”表示弱电配电箱。

由图 6-1-6 可知,照明线路是由室外穿墙接入强电配电箱,穿墙时采用线管暗敷的方式。

导线上标注的含义如下(其中,总电源线不用线组代号;线路种类代号有 Z 代表照明线路,W 代表网线路,H 代表电话线路;RBV 代表聚氯乙烯塑料导线;安装载体代号有 PVC 代表线槽布线,PR 代表线管布线;安装方式代号有 M 表示暗装,A 表示明装):

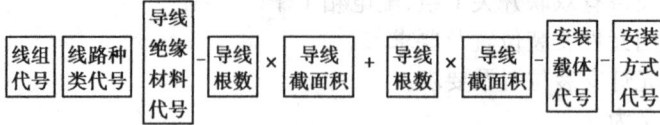

| 线组代号 | 线路种类代号 | 导线绝缘材料代号 | — | 导线根数 | × | 导线截面积 | + | 导线根数 | × | 导线截面积 | — | 安装载体代号 | 安装方式代号 |

其中,总线标注 ZRBV-2×6+1×2.5-PVC-M;电源总进线,属于照明电路部分,两根截面积 6 mm²(注:1 根火线,1 根零线)及 1 根截面积 2.5 mm²(地线)的聚氯乙烯塑料导线,线管布线暗装。

第 1 组线路电光源控制线路,先由强电配电箱引出到双联开关上,再由双联开关引出到日光灯座上。日光灯 1-1,1-2,1-3 为一组由面板上一个单控琴键开关控制;日光灯 1-4,1-5,1-6 为另一组由面板上另一个单控琴键开关控制。电光源控制线路有 3 根导线组成。其中,1 根是火线,1 根是零线,1 根是地线。

第 1 组线路标注 a1ZRBV-2×2.5+1×1.5-PR-A;属于日光灯照明部分,两根截面积 2.5 mm²(注:1 根火线,1 根零线)及 1 根截面积 1.5 mm²(地线)的聚氯乙烯塑料导线,线槽布线明装。

第 2 组线路插座线路,先由强电配电箱引出到插座 2-4 上,再插座 2-4 引出到插座 2-3,2-2 上。插座线路有两根导线组成。其中,1 根是火线,1 根是零线。

第二组线路标注 a2ZRBV-2×2.5+1×1.5-PR-A;属于插座线路部分,两根截面积 2.5 mm²(注:1 根火线,1 根零线)的聚氯乙烯塑料导线,线槽布线明装。

网线及电话线由室外引入弱电配电箱,再由弱电配电箱分别引到信息插座和电话插座。线槽布线明装。

C. 照明电气原理图

用规定的照明电气符号来表明电气元件连接关系的图纸。它是我们进行电路连接的主要依据,如图 6-1-7 所示。

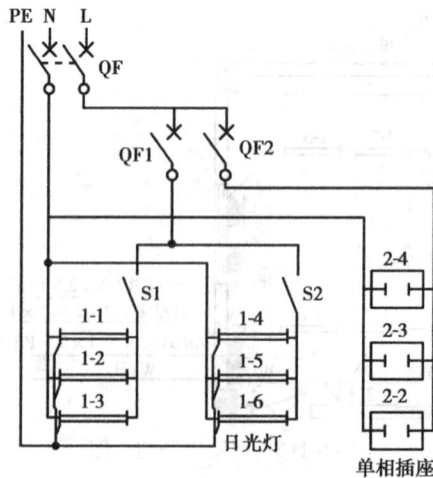

图 6-1-7 照明电路原理图

QF 是断路器。它主要起着隔离作用(检修时,断开断路器可保证线路的其他部分处于不带电状态,保证检修安全);断路器 QF1 起到日光灯(支路 1)的隔离作用;断路器 QF2 起到插座(支路 2)的隔离作用。

日光灯 1-1,1-2,1-3 之间是并联的关系,开关 S1 串联在其火线上;日光灯 1-4,1-5,1-6 之间也是并联的关系,开关 S2 串联在其火线上,且日光灯的金属外壳要连接在保护地线上。

插座 2-1,2-2,2-3 之间是并联的关系,并直接连接在电源上。

活动 2　现场施工

学习目标

1.熟悉完成任务的整个流程。

2.学会书写维修或安装申请。

3.学会编制工作任务联系单。

4.进行施工现场的勘查,描述现场特征,并绘制施工安装位置图及施工图。

5.设计照明电路原理图,并填写备料单和备工具单。

学习过程

(1)提出任务

1)任务1:某出租房的卧室内照明线路老化,进行照明线路的更换(一控一灯一插照明线路,灯为白炽灯,插座为风扇控制插座)

任务流程分析:

租户提出申请—业主联系施工单位—施工负责人填写派工单及备料单—电工现场考察—电工现场施工—业主验收。

A. 租户提出申请

格式如下:

尊敬的××房东:

你好!

因为房屋年久失修,照明线路严重老化,为了你的房屋安全,建议进行维护更换。

顺祝身体安康!

租户××

年　月　日

B. 业主联系施工单位

业主要查看资质文件,并进行价格比对;保障选择一家性价比高的施工单位。

由一位同学扮演业主方,另外几位同学扮演施工方,由施工方提供线路更换的预算报价及材料的品牌、数量等相关信息,业主方从中优选一个方案。老师和其他同学对该选择进行评价,见表6-2-1。

表6-2-1　预算清单

方案序号	预算报价	主要材料品牌及数量	性价比	施工单位的资质	排　序
1					
2					
3					
4					

C.施工负责人填写派工单及备料单

派工单格式见表6-2-2。

表6-2-2　派工单

流水号:1102

施工地点	和景小区4栋201房		
施工项目	照明线路更换	施工工时	1天
施工原因	照明线路严重老化		
联系部门	昌盛物业公司	联系人	×××
		联系电话	137××××2222
信息回馈	已联系业主,业主2016年6月17日有空在家。业主电话137××××1111		

流水号:包括"施工类型＋施工项目＋排序"。例如,规定指出,施工类型:"1"代表照明电器,"2"代表水管等。施工项目:"1"代表现场施工,"2"代表设备维护等。它是由施工方自行规定的。

备料单格式见表6-2-3。

表6-2-3　材料清单

和景小区4栋201房照明线路施工备料单			
序　号	材料名称	数　量	单　位
1	2.5 mm² 聚氯乙烯塑料铝导线	100	m
2	20 mm×12 mm PVC塑料线槽	5	条
3			
4			

备工具单格式见表6-2-4。

表6-2-4 工具清单

和景小区4栋201房照明线路施工备工具单		
序 号	工 具 名 称	数 量	单 位
1	人字梯	1	架
2	手枪钻	1	台
3			
4			

D. 电工现场考察

主要考察建筑物结构、大小及特点，并以此粗略计算出所需施工材料的多少、工时等相关信息。

例如，施工现场考察时发现房间内有横梁，布线时要避开或计算这部分工程量；施工现场考察时发现房间内有热水管道，布线时要避开或保持一定的间距。

E. 电工现场施工

现场施工包括制订施工方案、人手分配、制订照明元件安装位置图及照明线路路由图及现场监督管理等。

F. 业主验收

工程量大时，应有专业的人员进行验收。但本次工程的过程量很小，由业主验收即可。业主验收时，一方面要检查线材、线槽等标签，看一下品种、型号、参数等是否与设计要求相一致；另一方面检查线槽布置是否合理、牢固、美观、可靠。

2）任务2：某学校办公室内照明线路老化，进行照明线路的更换（一控两灯三插照明线路，灯为日光灯，插座中两个是局部照明电源插座，另一个是空调插座）

任务流程分析：

租户提出申请—业主联系施工单位—施工负责人填写派工单及备料单—电工现场考察—电工现场施工—业主验收。

A. 租户提出申请

格式如下：

B. 业主联系施工单位

C. 施工负责人填写派工单及备料单

D. 电工现场考察

现场考察前,应先找来建筑物平面图(见图 6-2-1),并根据它了解一下建筑物的结构和特点。现场考察的目的主要是看一下在布线线路的路径上是否有障碍物(如梁、柱等),是否有需要避开的设施(如热水管等);如果有需要考虑由于绕行而增加的材料数量。另一个目的是根据现场建筑物的结构特点选择最合适的线槽安装路径,如图 6-2-2 所示。

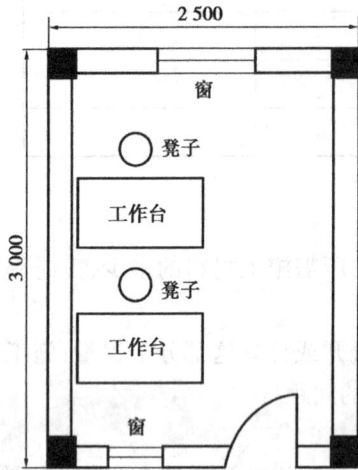

图 6-2-1　建筑物平面图

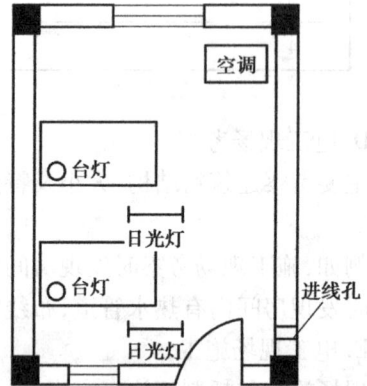

图 6-2-2　照明设备安装位置示意图

E. 电工现场施工

a. 安全措施。

安全教育内容包括:要求穿戴好劳保用品;掌握安全防范措施;带电时,一人操作,一人监护;使用前,要仔细检查工具的绝缘情况;掌握安全急救措施,等等。

除了施工前的施工安全教育外,施工过程中还要设置必要的安全防护措施。它一般包含警示标志和安全隔离措施两个内容。

警示标志的作用是悬挂在电气设备上或施工进行处,提醒人们对不安全因素的注意和重视,防止意外事故发生。它包含禁止标志、警告标志、指令标志、提示标志及辅助标志 5 类,见表 6-2-5。

表 6-2-5　标志含义

标志名称	图　例	含　义
禁止标志		
警告标志		
指令标志		
提示标志		
辅助标志		

安全隔离措施的作用是使人员与带电体物理隔离,避免因不慎接触而造成触电事故。它

106

包括防护墙、防护网、防护栏及防护间隔等。

b.线路安装。

线路安装要合理、美观、牢固、可靠。

F.业主验收

本次验收应有专门的验收部门完成,并形成完整的验收报告。

(2)现场施工

施工前的准备如下:

1)施工安全教育

由施工项目负责人组织实施,目的是培养施工人员的安全意识,掌握安全急救措施及识别安全标志,会利用技术的手段确保施工人员的安全。

2)识读施工图纸

①识读照明电器及元件安装位置图

如图 6-2-3 所示,回答下面问题,建筑物内电器元件的数量、种类、类型,以及它们安装高度、位置等相关信息,并填写表 6-2-6。

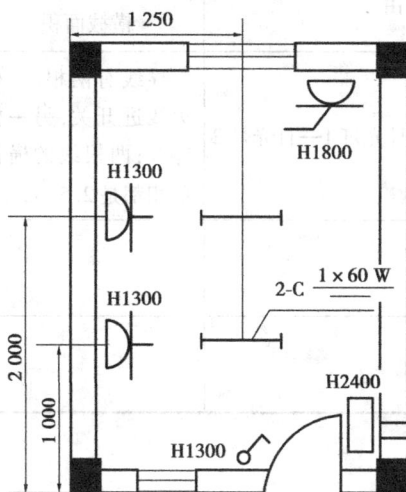

图 6-2-3　照明电器及元件安装位置图

表 6-2-6　设备清单

序　号	种　类	名　称	数　量	安装高度	安装位置	安装方式
1	插座					
2						
3	日光灯					
4	配电箱					
5	开关					

②识读施工图

通过图 6-2-4 了解照明线路的走向、敷设材料、导线的根数、导线的横截面积及敷设方式等相关信息,并填写表 6-2-7。

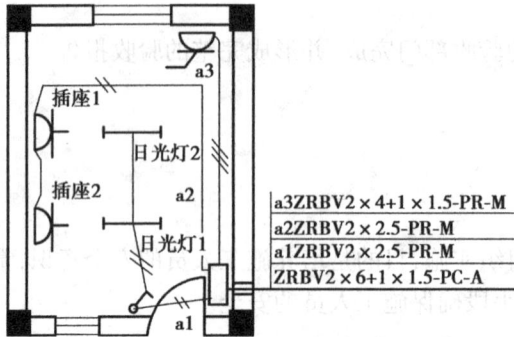

图 6-2-4　照明线路路由图

表 6-2-7　路由清单

序　号	路　由	导线的数量及横截面积	安装载体	安装方式
a1	配电箱—按键开关—日光灯 1—日光灯 2	导线有两根,一根火线进开关,另一根零线;两根线的横截面积都是 2.5 mm^2	塑料线槽	明装
a2				
a3				

3)线路安装

槽板布线的操作流程如图 6-2-5 所示。

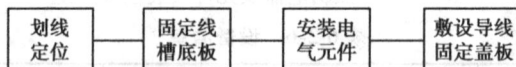

图 6-2-5　流程图

①划线定位

划线定位的步骤如下:

a. 首先确定元件安装位置(依据便利、美观、安全的原则确定)。

b. 拿下元件找到元件安装位置的中心点。

c. 确定安装线路路径。

d. 连接两点画线或弹线,在建筑物上留下线槽走向的痕迹。

②固定线槽底板

固定线槽底板的步骤如下：

a. 测量敷设路径，截取合适的线槽长度。

b. 根据敷设路径走向，进行线槽底板的加工。

c. 在连线上确定安装孔的位置，并用手枪钻在该位置打孔。

d. 在安装孔内放入膨胀螺管，将塑料线槽底板放置在其上面，并螺钉将塑料线槽底板固定在建筑物上。

③安装电气元件

安装电气元件的步骤如下：

a. 找出电气元件安装位置的划线区域（在划线定位时已经确定），然后将元件紧贴建筑物放置。

b. 找到元件安装孔的位置，并用铅笔在建筑物上画出安装孔所在的位置。

c. 拿下元件，在安装孔的位置用手枪钻打孔。

d. 在安装孔内放入膨胀螺管（或膨胀螺栓），将电气元件放置在其上面，并螺钉（或螺母）将电气元件固定在建筑物上。

④敷设导线，固定盖板

敷设导线，固定盖板的步骤如下：

a. 理线，即将要敷设的所有导线在平整的地面上理顺，截取适当的长度。

b. 将理顺后的导线一起放入塑料线槽底板内，最好两个或以上的施工人员共同完成。放线时，一定要注意导线不能交叉，并要保证导线的平整。

c. 按照照明电路原理图，将导线与电气元件连接起来，注意连接处要留有导线余量，并将余留的导线绕成弹簧状。

d. 根据要求，对塑料线槽盖板进行加工。

e. 盖上盖板，并用手或木槌轻轻地敲击，直到盖板完全盖好为止。

活动 3　汇报与评价

（1）学习汇报

以小组为单位，选择实物、展板和文稿的方式，向全班展示、汇报学习成果。其内容如下：

①常用工具的作用和正确使用方法。

②塑料线槽安装方法和步骤。

③展示任务 1、任务 2 施工成果，并就施工过程中遇到的问题及解决方案进行讲解。

④展示人员分配架构图，说明每位学生在施工过程中所起到的作用。

（2）综合评价（见表6-3-1）

表6-3-1　综合评价表

评价项目	评价内容	评价标准	评价方式		
			自我评价	小组评价	老师评价
职业素养	安全意识责任意识	1. 作风严谨,遵章守纪,出色地完成任务 2. 遵章守纪,较好地完成任务 3. 遵章守纪,未能完成任务,或虽然完成任务但操作不规范 4. 不遵守规章制度,且不能完成任务			
	学习态度	1. 积极参与教学活动,全勤 2. 缺勤达到本任务总学时的5% 3. 缺勤达到本任务总学时的10% 4. 缺勤达到本任务总学时的15%			
	团队合作	1. 与同学协作融洽,团队合作意识强 2. 与同学能沟通,团队合作能力较强 3. 与同学能沟通,团队合作能力一般 4. 与同学沟通困难,协作工作能力较差			
专业能力	正确使用工具	1. 熟练使用工具,工作完成后能清理现场 2. 熟练使用工具,工作完成后未能清理现场 3. 不能熟练使用工具,工作完成后能清理现场 4. 不会使用工具,工作完成后未能清理现场			
	工件加工	1. 按时完成加工任务,操作步骤正确,工件美观、完整 2. 按时完成加工任务,操作步骤正确,工件完成质量较差 3. 按时完成加工任务,操作步骤不正确,工件完成质量较差 4. 未按时完成加工任务			
	专业常识	1. 按时、完整地完成工作页,问题回答正确 2. 按时、完整地完成工作页,问题回答基本正确 3. 不能完整地完成工作页,问题回答错误较多 4. 未完成工作页			
创新能力		学习过程中提出具有创新性、可行性的建议	加分奖励:		
学生姓名			综合评价		
指导老师			日　期		

加工学习工作页

小组人员分配清单见表 6-3-2。

表 6-3-2　人员分配清单

序　号	姓　名	角　色	在小组中的作用	小组评价
1				
2				
3				
4				
5				

维修申请报告工作页(任务2)见表 6-3-3。

表 6-3-3　申请报告

派工单工作页(任务2)见表 6-3-4。

表 6-3-4　派工单

流水号:

施工地点			
施工项目		施工工时	
施工原因			
联系部门		联系人	
		联系电话	
信息回馈			

验收报告工作页(任务2),见表6-3-5。

表6-3-5 检验报告

流水号:

施工地点			
施工项目		施工工时	
验收情况	验收合格项:		
	验收不合格项及内容:		
	整改建议:		
验收部门		联系人	
		联系电话	
验收结论		验收人	签名处

(1)任务1:一控一灯一插照明线路,灯为白炽灯,插座为风扇控制插座

1)模拟实训施工工作页

模拟实训在木板墙上进行。该木板墙结构如图6-3-1所示。

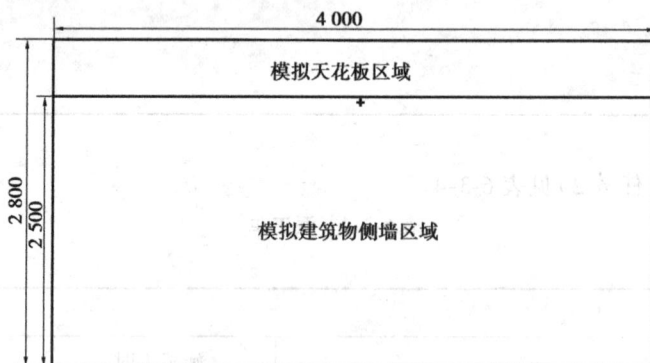

图6-3-1 木板墙

木板墙上照明电路元件安装位置图如图6-3-2所示。

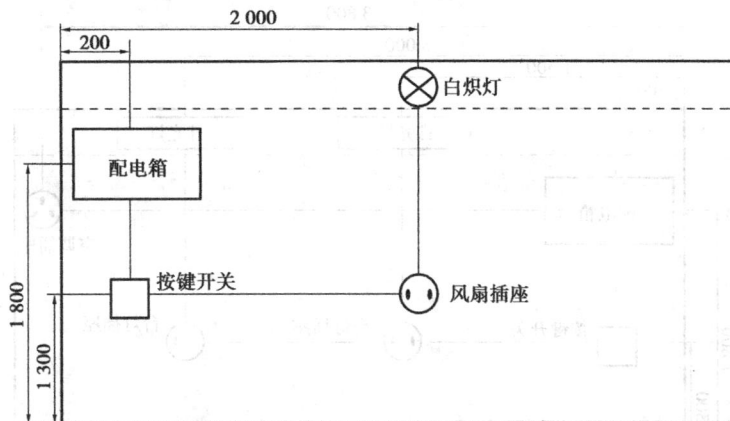

图 6-3-2 安装位置图

木板墙上照明线路路由图如图 6-3-3 所示。

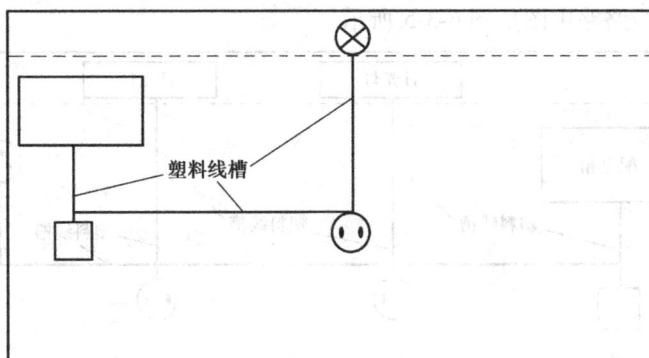

图 6-3-3 路由图

2）施工步骤

线槽施工步骤见表 6-3-6。

表 6-3-6 施工清单

施工步骤	施工方法	施工要求	注意事项	存在问题及解决措施
划线定位				
固定线槽底板				
安装电气元件				
敷设导线,固定盖板				

（2）**任务 2：一控两灯三插照明线路,灯为日光灯,插座中两个是局部照明电源插座,另一个是空调插座**

1）模拟实训施工工作页

木板墙上照明电路元件安装位置图如图 6-3-4 所示。

113

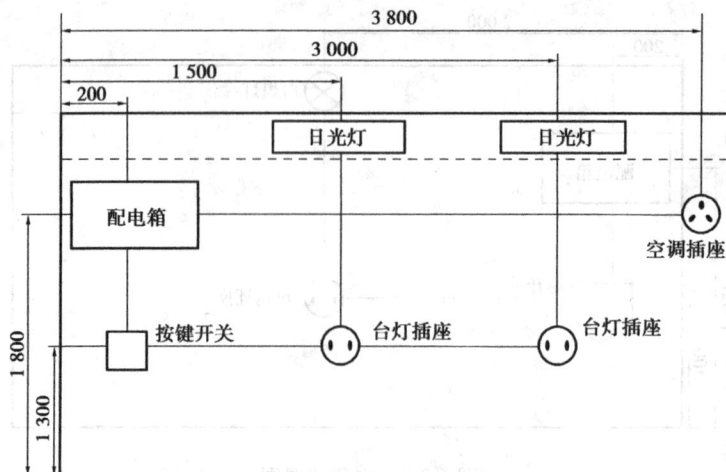

图 6-3-4　安装位置图

木板墙上照明线路路由图如图 6-3-5 所示。

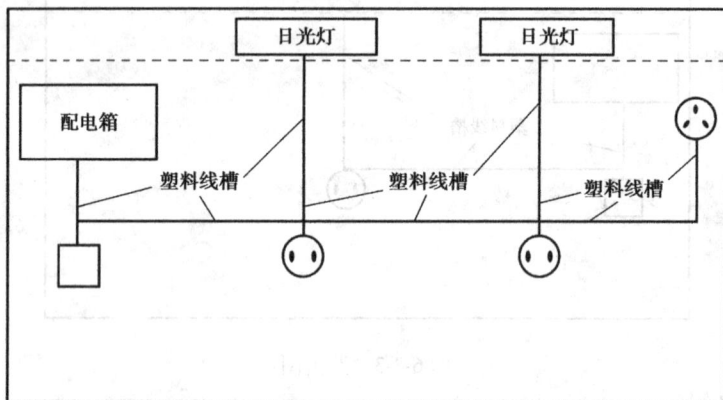

图 6-3-5　路由图

2）施工步骤

线槽施工步骤见表 6-3-7。

表 6-3-7　施工清单

施工步骤	施工方法	施工要求	注意事项	存在问题及解决措施
划线定位				
固定线槽底板				
安装电气元件				
敷设导线，固定盖板				

任务7
线管的施工与测试

任务目标

1. 熟悉线管施工的标准、规范及要求。
2. 熟悉线管施工的步骤、方法及适用范围。
3. 会熟练使用线管安装工具。
4. 会照明线路的测试及验收。
5. 作业完毕后，能按照电工作业规范清点、整理工具；收集剩余材料，清理作业垃圾。
6. 完成本次作业的评价及评分工作。

工作情境描述

按照施工要求完成套房的照明线路的线管安装（包括两控一灯多插照明线路和强电及弱电配电线路的安装与测试）。

活动 1　施工标准及安装规范

学习目标

1. 熟悉线管施工标准及安装规范的要求。
2. 了解线管适用的安装范围。
3. 熟练掌握照明电路的测试方法。

（1）线管施工工艺标准

依据标准如下：

①《建筑工程施工质量验收统一标准》（GB 50300—2001）。

②《建筑电气工程施工质量验收规范》（GB 50303—2002）。

③《建筑与建筑群综合布线系统工程验收规范》（GB/T 50312—2000）。

其主要内容包括适用范围、施工准备、操作工艺及质量标准 4 个方面，如图 7-1-1 所示。

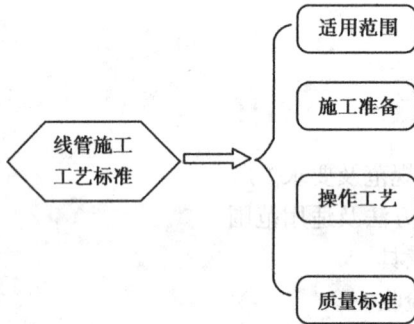

图 7-1-1　线管施工工艺标准的主要内容

1）范围

本工艺标准适用于一般工业与建筑物内照明系统安装工程，适用于室内和吊顶或有酸、碱等腐蚀介质的场所照明管线及混凝土结构内和砖混结构暗管敷设工程。

2）施工准备

①材料要求

a. 塑料管的材质应具有阻燃、耐冲击性能，标签内容应齐全、清晰。

b. 管子内外壁应光滑、无凸棱、凹陷、针孔及气泡，管壁厚度应均匀一致。

c. 与塑料线管配套的附件（如灯头盒、开关盒和接线盒等）必须采用阻燃塑料制品。

②主要机具与测试设备

a. 手锤、錾子、扁锉、圆锉、活扳子、尖嘴钳及钢锯。

b. 铅笔、皮尺、水平尺、线坠及粉线袋。

c. 手电钻、弯管弹簧、管剪、工具箱、开孔器、热风机及高凳等。

d. 测试仪表和设备、万用表和摇表等。

3）操作工艺

①工艺流程

a. 明管敷设工艺流程如图 7-1-2 所示。

b. 暗管敷设工艺流程如图 7-1-3 所示。

c. 弯管方法有冷煨法和热煨法两种。其中，冷煨法适用于管径为 $\phi15 \sim \phi25$ 硬塑料线管；热煨法适用于管径大于 $\phi25$ 硬塑料线管。

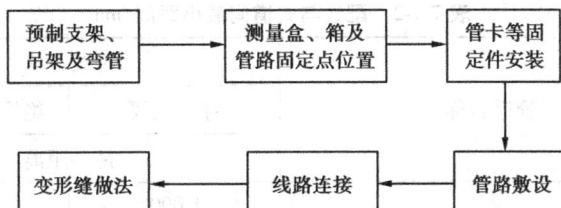

图 7-1-2　明管敷设工艺流程

图 7-1-3　暗管敷设工艺流程

其中,热煨法将弯管弹簧插入管内待弯处,然后在待弯处用热风机均匀加热,等到管子被加热到可随意弯曲时,立即将管子放在木板上,固定管子的一端,逐步煨出所需要的角度,并用温布冷却,管子定型后将弹簧抽出。注意:再煨管时塑料线管不得出现烤伤、变色和破裂等现象。

②管路的固定方法

管路的固定方法有胀管法、木砖法、预埋铁件焊接法、稳注法、剔注法及抱箍法等。

A. 管路水平敷设时,高度不应低于 2 000 mm;垂直敷设时,高度不应低于 1 500 mm(1 500 mm 以下的部分应加保护管保护)。

管路较长时,超过下列情况时,应加装接线盒:

a. 管路无弯管时,每隔 30 m。

b. 管路有 1 个 90°弯时,每隔 20 m。

c. 管路有两个 90°弯时,每隔 15 m。

d. 管路有 3 个 90°弯时,每隔 8 m。

e. 如安装路径上受具体情况限制无法加装接线盒时,管径应加大一级。

B. 用管卡固定在墙面上时,管卡与盒、箱边缘的距离为 150 ~ 300 mm。管卡与管卡之间的距离见表 7-1-1。

表 7-1-1　管路中间固定点间距/mm

安装方式	支　架			允许偏差
	间　距			
	管　径			
	20	25 ~ 40	50	
垂直	1 000	1 500	2 000	30
水平	800	1 200	1 500	30

配线与其他管道(供暖、排水、通风等)之间的距离见表 7-1-2。

表 7-1-2　配线与管道间最小距离/mm

管道名称		配线方式	
		穿管配线	绝缘导线明配线
		最小距离	
蒸汽管	平行	1 000 (500)	1 000 (500)
	交叉	300	300
暖、热水管	平行	300 (200)	300 (200)
	交叉	100	100
通风、上下水、压缩空气管	平行	100	200
	交叉	50	100

管路入箱、盒一律采用内锁母端接；暗装时，管路敷设后应在上面填上混凝土砂浆，砂浆厚度不应小于 15 mm。

4）检验项目及内容

具体包括验收项目、验收内容和验收方式 3 个阶段。

检查验收内容如下：

①环境要求

a. 土建施工情况：地面、墙面、门、源插座及接地装置。

b. 土建工艺：机房面积、预留孔洞。

c. 施工电源。

d. 地板铺设、施工前检查。

②器材检验

a. 外观检查。

b. 形式、规格、数量。

c. 电缆电气性能测试。

d. 光纤特性测试、施工前检查。

③安全防火要求

a. 消防器材。

b. 危险物的堆放。

c. 预留孔洞防火措施、施工前检查。

④检查验收方式

施工前的检查、随工检验及施工完成后的验收。

(2) **照明电路的测试**

1）测试常用仪表

①万用表

万用表是电工常用仪表。它可测量电阻、电流、电压等多项参量。常用的有机械(或称指针式)式和数字式两种。机械式万用表如图7-1-4—图7-1-6所示,数字式万用表如图7-1-7所示。

图7-1-4 机械式万用表

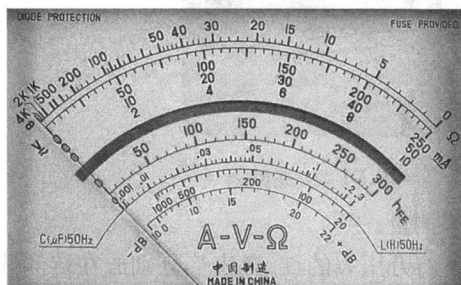

图7-1-5 万用表表盘

图7-1-6 万用表量程选择开关

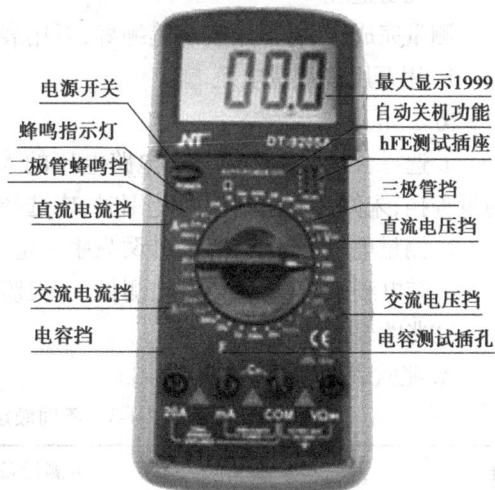

电源开关
蜂鸣指示灯
二极管蜂鸣挡
直流电流挡
交流电流挡
电容挡

最大显示1999
自动关机功能
hFE测试插座
三极管挡
直流电压挡
交流电压挡
电容测试插孔

图7-1-7 数字式万用表

②兆欧表

兆欧表是测量绝缘电阻的专用仪表。兆欧表如图7-1-8、图7-1-9所示。

2)使用方法

①万用表(机械式)的使用方法

A.用万用表测量电阻

方法如下:

a.测试前的准备:

●选择合适的量程。测量照明线路时,可选择R×1,R×10挡。

●进行欧姆调零,即将万用表的红、黑两表笔短接在一起,查看表盘上指针是否指在零位,如果不在零位,用欧姆调零旋钮调到零位。

119

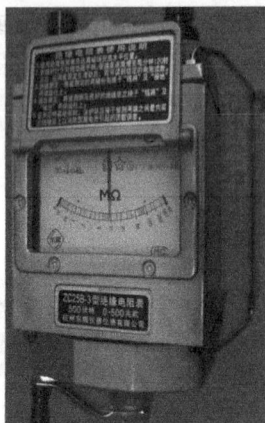

图 7-1-8　兆欧表

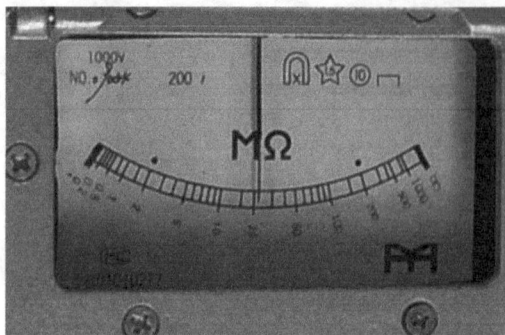

图 7-1-9　兆欧表表盘

b.测量：

• 将万用表的红、黑表笔分别放在待测线路的两端。

• 测量结果：短路时，电阻为零；开路时，电阻为无穷大；通路时，电阻为某一定值。

c.现场整理

测量完成后，将万用表表笔缠好，万用表量程开关放置在交流最大挡位上。

B.用万用表测量电压

方法如下：

a.选择合适的量程。已知电路电压的大致范围时，选择电路实际电压为量限 2/32 ~ 1/3 的量程挡；未知电路电压大致范围时，应选择最大量程挡先粗测，然后再选择合适量程精测。

b.测量电路电压。测量时，两只手一定不能碰触表笔的金属部分，防止发生触电事故。

c.带电测量时，要保障一人测量，一人监视。

②兆欧表的使用方法

A.兆欧表的选择（见表 7-1-3）

表 7-1-3　不同额定电压兆欧表的使用范围

测量对象	被测设备的额定电压/V	兆欧表的额定电压/V
线圈绝缘电阻	<500	500
	≥500	1 000
电力变压器、电机线圈绝缘电阻	≥500	1 000 ~ 2 500
发电机线圈绝缘电阻	≥380	1 000
电气设备绝缘电阻	<500	500 ~ 1 000
	≥500	2 500
绝缘子	—	2 500 ~ 5 000

B.使用前的准备

a.如图 7-1-10 所示，将两表夹分别接在兆欧表的接线端和接地端上。

b.将兆欧表两表夹（即鳄鱼夹）分开，轻摇兆欧表的手柄，表针应迅速指到无穷大的位置上。

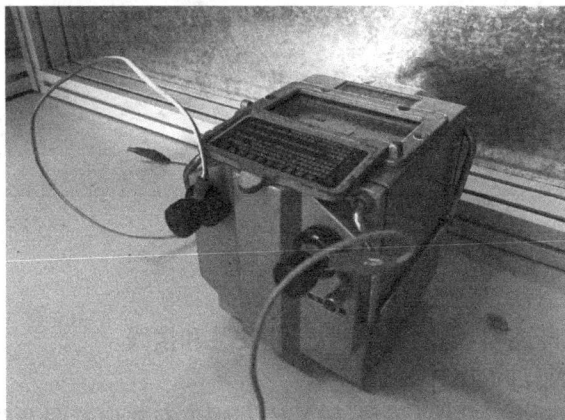

图 7-1-10　兆欧表的接线

c. 将兆欧表两表夹(即鳄鱼夹)夹在一起,轻摇兆欧表的手柄,表针应迅速指到零的位置上。

C. 测试

a. 测试前,首先用导线将电路短接一下进行放电,放电时间一般为 3~5 min。

b. 测试导线对地绝缘电阻时,将接线表夹夹在线路上,接地表夹夹在金属外壳上;测试两导线绝缘电阻时,两表夹分别夹在两根导线上。

c. 用手均匀地摇动兆欧表的手柄,保持转速为 120 r/min,持续 1 min 左右。

配电线路读数大于 0.5 MΩ 时,线路绝缘强度满足要求;电动机读数大于 1 MΩ 时,线路绝缘强度满足要求。

D. 现场整理

测量完成后,应将兆欧表的两表夹从线路上取下,缠好放置。

3)测试

①电路(或导线)连接情况测量

a. 目的。主要是测试电路连接点的连接是否良好,有无接线脱落、接触不良、断路等问题。

b. 方法。用万用表两表笔分别接在待测导线的两端,如果测得的阻值接近零,说明接线正确。

如果测得的阻值为某一值,说明接线接触不良;如果测得的阻值接近无穷大,说明接线线头脱落或线路断路。

②短路故障的测量

a. 目的。测量配电线路上是否存在短路故障。

b. 方法。用万用表两表笔分别接在配电箱后的电源火线、零线上(注意:此时总断路器一定放置在开路的位置上,防止电路带电),如果测得的阻值接近零,说明线路有短路故障,应先查找故障点,然后排出故障;如果测得的阻值接近无穷大,说明接线正确。通过测量后,才可合闸送电。

③绝缘电阻的测量

a. 目的。测量导线绝缘的绝缘强度能否达到设计要求,保障电路正常使用。

b. 方法。要先停电,后放电。然后再将兆欧表的两表夹分别接在两根导线(或一根导线与金属外壳)上,均匀摇动手柄,达到 120 r/min,持续 1 min 以上,当表针稳定后,进行读数。读数大于 0.5 MΩ 及其以上时,导线之间的绝缘满足设计要求。而且越大越好。如果小于 0.5 MΩ,说明有绝缘破损或漏电现象;如果为 0,说明绝缘完全损坏。

活 动 2　现 场 施 工

学习目标

1. 掌握线管敷设的方法。
2. 会照明配电箱内断路器、电能表等的选择、安装和接线。
3. 能根据勘察结果制订工作计划。
4. 进行施工现场的勘查,描述现场特征,并绘制施工安装位置图及路由图。
5. 设计照明电路原理图,并填写备料单和备工具单。

学习过程

提出任务:两控一灯多插照明线路和强电及弱电配电线路。

（1）任务1:某套房内客厅、卧室照明电路的施工（多控多灯多插照明线路,灯有日光灯、筒灯及灯带等。其中,日光灯采用双控电路,筒灯及灯带采用单控电路,插座有空调插座、风扇插座、电视机插座及电脑插座等）

1）任务流程分析

施工单位制订派工单—施工负责人编写施工交底、安全交底文件—施工负责人填写备料单—电工现场施工—第三方验收报告。

①派工单

其格式见表7-2-1。

表 7-2-1　派工单

编号:　　　　流水号:

施工项目	套房电路施工	施工工时	4 天
施工原因	新房照明电路安装		
报装人		报装人电话	
报装方式	塑料线管暗装敷设	安装地点	
施工负责人		施工负责人电话	
施工部门		联系人	
		联系电话	
适宜施工时间段			

②施工交底文件及安全交底文件

a.施工交底文件格式见表7-2-2。

表 7-2-2　施工交底

施工项目名称	套房电路施工			
施工进度计划	步　骤	用　时	步　骤	用　时
	开布线槽		埋管	
	穿线		接线	
分工方案				
施工流程及要点				
施工过程注意事项				
组织架构				

b. 安全交底文件格式见表 7-2-3。

表 7-2-3　安全交底

施工项目名称	套房电路施工
建筑安全法规	
劳保用品	
安全提示	
安全讲评	

③施工负责人填写备料单

a. 备料单格式见表 7-2-4。

表 7-2-4　材料清单

套房电路施工备料单			
序　号	材料名称	数　量	单　位
1	2.5 mm^2 聚氯乙烯塑料铝导线		m
2			
3			
4			

b. 备工具单格式见表 7-2-5。

表 7-2-5　工具清单

套房电路施工备工具单			
序　号	工具名称	数　量	单　位
1	人字梯	1	架
2	手枪钻	1	台
3			
4			

2)电工现场施工

管线施工相关知识如下:

①常用塑料线管有 2 分管、4 分管、6 分管等。其中,"分"英制尺寸"英分",它与公制尺寸之间的换算关系为

$$1 \text{ 英寸(in)} = 8 \text{ 英分} = 25.4 \text{ 毫米(mm)}$$

②选择塑料线管的数量。

塑料线管相关的规格及数量应根据导线的根数和截面积进行相应的选择,一般情况下,要求线管内导线的总截面积不应超过线管内径截面积的 40%。

③建筑物平面图及电器安装位置图如图 7-2-1—图 7-2-4 所示。

图 7-2-1 卧室建筑物平面图

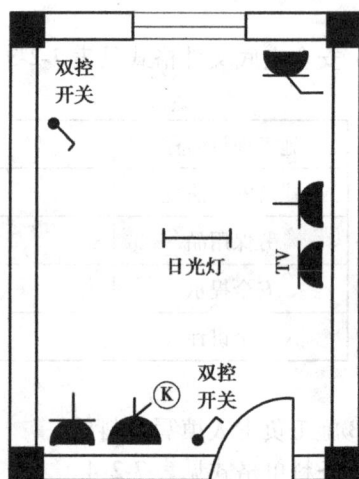

图 7-2-2 卧室电器设备安装位置图

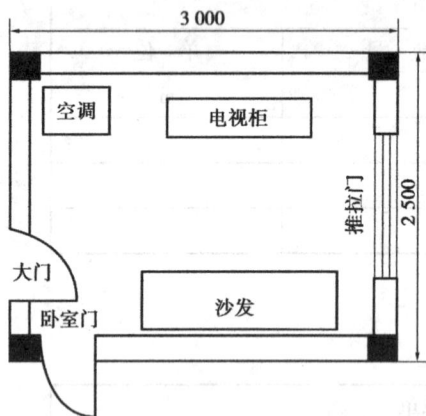

图 7-2-3 客厅建筑物平面图

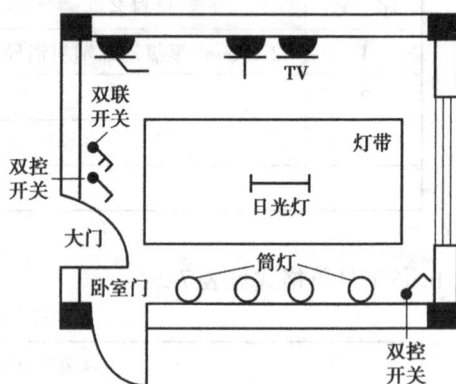

图 7-2-4 客厅电器设备安装位置图

3)第三方验收报告(见表7-2-6)

表 7-2-6　验收报告

编号:

验收工程名称					
内　容	验收项目	项目编号	验收人签名	验收结论	不通过原因
验收					
验收最终结论			验收负责人	签　名	
				电　话	
验收时间			验收单位		

(2)任务 2:**某学校计算机实训教室线路改造工程(按一个教室 60 台计算机计算,其他还有空调、照明设备等)**

1)任务流程分析

系部提出申请—学院领导研究审批—后勤处考察后提出改造建议及组织改造施工—施工部门组织现场考察并提出施工方案—施工负责人备工备料—电工现场施工—监理方组织施工验收。

①提出申请

格式如下:

②改造建议

③施工方案

④填写派工单及备料单

⑤现场施工

⑥验收

2)现场施工

①配电箱的选择及安装

A. 照明配电箱的安装

照明配电箱是用来控制、保护及监视照明电路的电器设备。箱内装有低压断路器(或刀开关与熔断器)、电工仪表等电气元件。按照安装方式,可分为明装和暗装两种方式;按照元件,可分为电表箱(主要由电能表组成)和控制箱(主要由断路器组成)两种;按照材料,可分为木制、塑料和金属配电箱 3 种,其中,金属配电箱外壳要良好接地。

a. 照明配电箱安装要求

● 暗装时,照明配电箱的底边距离地面 1.6 m 及以上(无门保护时,安装在 2.4 m 及以上)。

● 明装时,照明配电箱的底边距离地面不小于 2.4 m,且侧边距离门框的距离宜为 150~200 mm。

安装箱面平整、周边间隙均匀对称;安装牢固、美观;暗装时,箱门要与墙面平齐。

b. 照明配电箱安装步骤

● 铁架固定(即悬吊式)明装配电箱

定位、划线、开敲击孔—开墙埋入预埋件—用水泥砂浆将预埋件固定在墙内—焊接铁支架,并涂防锈漆—通过螺栓将配电箱固定在铁支架上。

● 金属膨胀螺栓固定明装配电箱

定位、划线、开敲击孔—用手枪钻在墙面相应位置转空—将膨胀螺栓轻打埋入墙内—吊放好配电箱并上紧螺母。

● 暗装配电箱

在墙上预留孔洞或开孔—将配电箱放入孔内并用水泥固定—清扫箱内杂物,理顺导线。

B. 断路器

a. 照明用断路器的型号

照明电路中常用的断路器有塑壳式 DZ 系列空气开关和漏电断路器。其中,空气开关常

见型号格式为

照明电路用塑壳式 DZ 系列空气开关有 C16，C25，C32，C40，C60，C80，C100，C120 等规格型号。空气开关按照极数，可分为单极、两极和三极 3 种（俗称 1P，2P，3P），如图 7-2-5—图7-2-7 所示。

图 7-2-5　1P

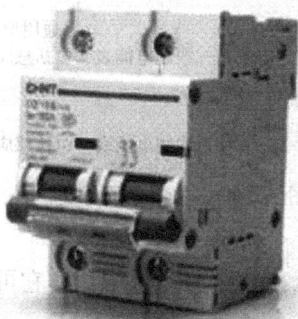

图 7-2-6　2P

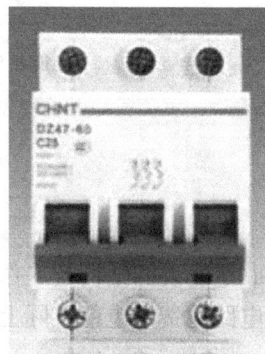

图 7-2-7　3P

b. 断路器的作用及种类

空气开关主要用于电能的控制、分配；另外，还有过载保护、过压保护等保护功能。

漏电断路器主要用于漏电保护，杜绝人身触电事故的发生。按照工作原理，可分为电压型和电流型两类；按照相数，可分为单相、两相、三相等种类。此处所说的相数，是指火线的根数，单相即 1 根火线，1 根零线；两相即 2 根火线；三相三线制即 3 根火线；三相四线制即 3 根火线，1 根零线。

漏电断路器常用型号为 DZL 系列，如图 7-2-8、图 7-2-9 所示。

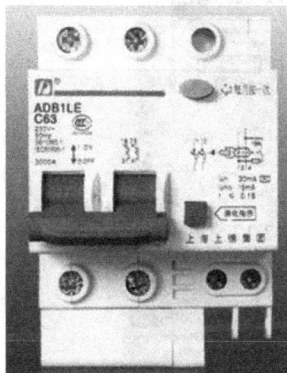

图 7-2-8　单相（或两相）

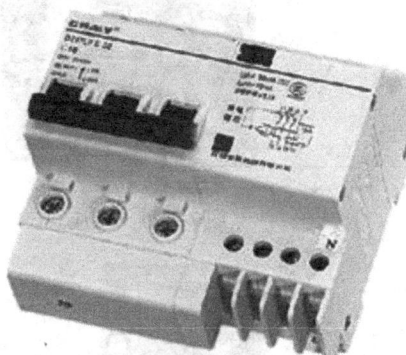

图 7-2-9　三相四线制

c. 空气开关的选择

选择包括：

● 选择空气开关的类型。根据实际电路要求，选择空气开关的极数；根据配电箱的框架大小，选择空气开关的框架等级。

● 选择空气开关的参数，即

$$额定电流 \geqslant \frac{该支路所有电器功率之和}{额定电压}$$

额定电压≥该支路实际电压

C.电能表

电能表是检测电路消耗电能多少的测量仪表。常用的电能表有单相电能表和三相电能表两大类,如图7-2-10所示。

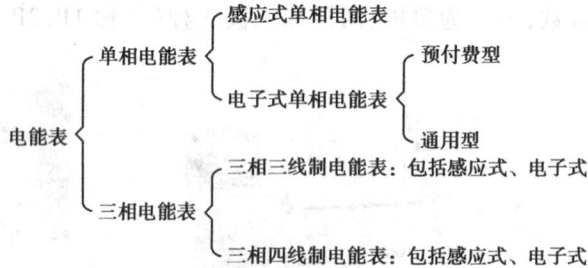

图7-2-10 电能表的分类

a.电能表的结构及工作原理

电路耗费的电能实际上就是电流在电路上所做的功。它可用公式表示为

$$A = IUt$$

它一般由电流取样(测量)部分、电压取样(测量)部分、计数部分、显示部分及智能接口等部分组成。

其中,感应式由电流线圈、电压线圈、计数器、显示单元及接线端子组成。电子式由电流取样电路、电压取样电路、电能计量芯片(CPU 或单片机)、LED 显示器、保护电路及各种(输入、输出、通信等)接口组成,如图7-2-11—图7-2-14 所示。

图 7-2-11 感应式

图 7-2-12 电子式

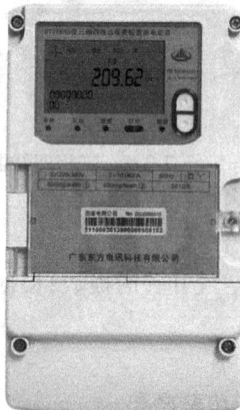

图 7-2-13 (电子式)三相四线制

图 7-2-14 (感应式)三相四线制

参数的识读如下：

● 感应式电能表参数如图 7-2-15 所示。

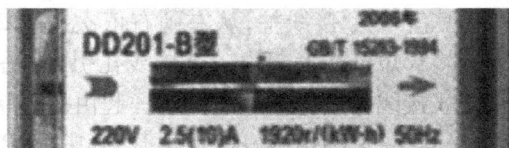

图 7-2-15　单相(感应式)电能表

该单相电能表的额定电压是 220 V、额定电流 2.5～10 A,每一度电表盘转 1 920 圈,交流电的频率为 50 Hz。

● 电子式电能表参数如图 7-2-16 所示。

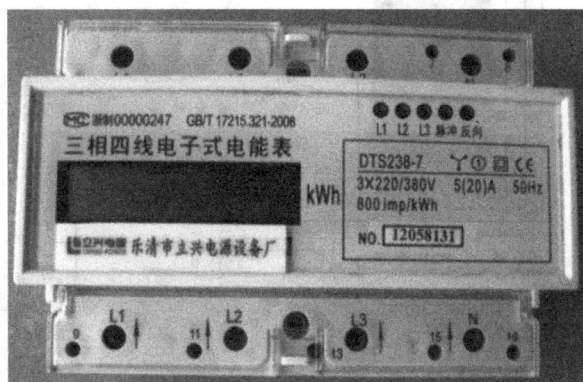

图 7-2-16　三相(电子式)电能表

该三相电能表的额定电压是 220 V 或 380 V、额定电流 5～20 A,交流电的频率为 50 Hz。

b. 电能表的接线方法

● 单相电能表的接线:

单相电能表 1,3 为进线——接电源,2,4 为出线——接负载;1,2 接火线,3,4 接零线,如图7-2-17所示。

图 7-2-17　单相电能表的接线

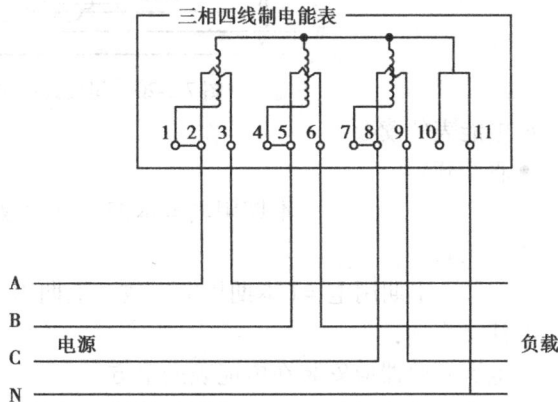

图 7-2-18　直接式接法电路原理图

● 三相四线制电能表接线：

有直接式接法和间接式接法两种。

直接式：三相四线制电能表有 11 个接线柱，从左到右依次按 1,2,3,4,5,6,7,8,9,10,11 编号。其中，1—2 接线柱用连接片短接在一起由一个接线孔引出，4—5 接线柱用连接片短接在一起由一个接线孔引出，7—8 接线柱用连接片短接在一起由一个接线孔引出；1(2),4(5),7(8),10 为进线——接电源，3,6,9,11 为出线——接负载；其中，1(2),3,4(5),6,7(8),9 接 A,B,C 三相火线，10,11 接零线，如图 7-2-18、图 7-2-19 所示。

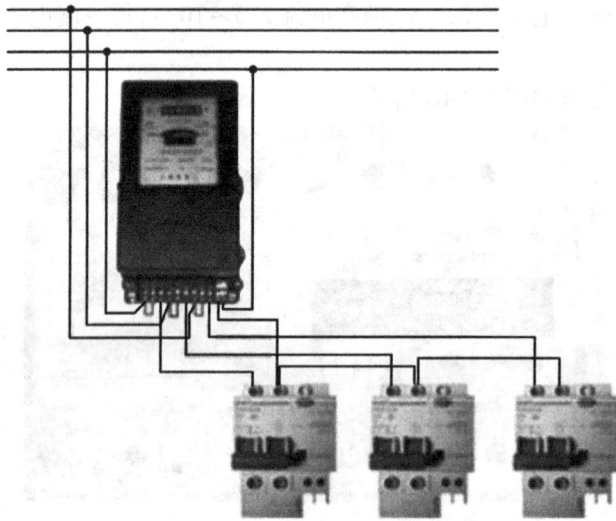

图 7-2-19　直接式接法示意图

间接式：主要在线路上电压过高（即线路电压大于电能表的额定电压）、电流过大（即线路电流大于电能表的最大额定电流）时使用，通常要与电流互感器、电压互感器配合使用。这里仅介绍三相四线制电能表与电流互感器配合使用的情况，如图 7-2-20、图 7-2-21 所示。

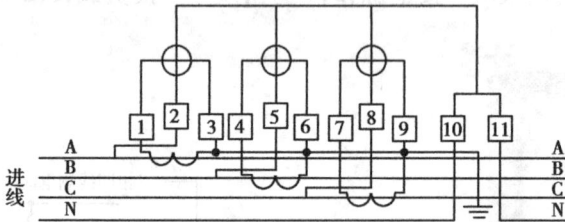

图 7-2-20　间接式接法电路原理图

c.电能表的读数

● 直接式：

$$本期用电 = 本期用电度数 - 上期用电度数$$

● 间接式：

$$本期用电 = (本期用电度数 - 上期用电度数) \times 电流互感器的变比$$

d.注意事项：

● 电流互感器应安装在电能表的上方。

● 电能表总线必须采用铜芯塑料绝缘硬导线，并且总熔断器到电能表之间敷线长度不宜超过 10 m。

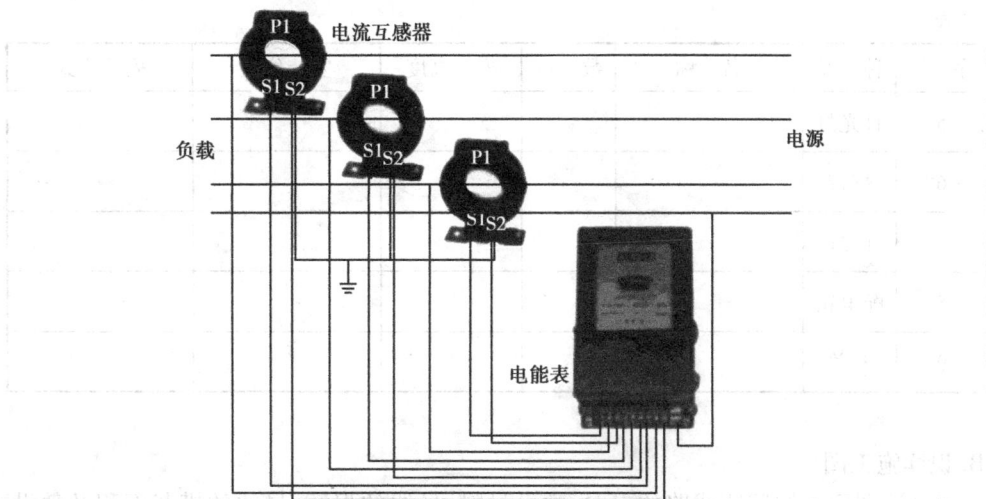

图 7-2-21　间接式接法示意图

● 导线进入电能表时,一般以"左进右出"的原则接线。

● 电能表垂直于地面安装,并且表面显示部分离地面高度应为 1.4~1.5 m。

②识读施工图纸

A. 识读照明电器及元件安装位置图

a. 通过该图可了解建筑物内电器元件的数量、种类、类型,以及它们安装高度、位置等相关信息,如图 7-2-22 所示。

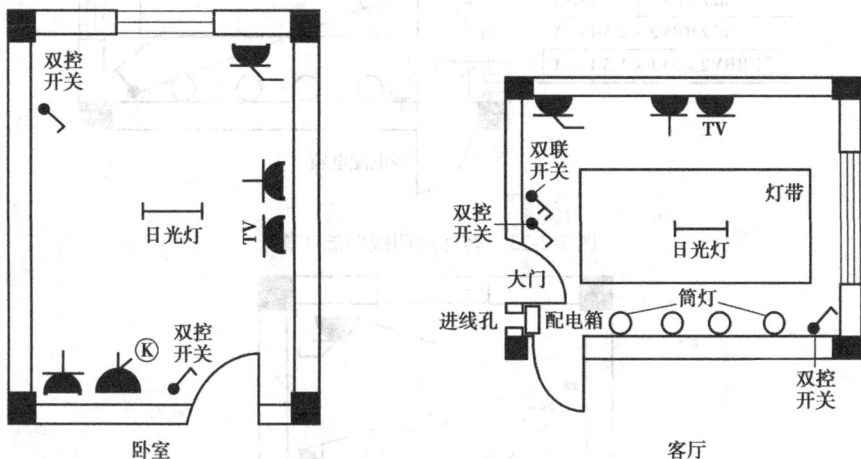

图 7-2-22　照明电器及元件安装位置图

b. 填写备料单(见表 7-2-7)

表 7-2-7　材料清单

序　号	种　类	名　称	数　量	安装高度	安装位置	安装方式
1	插座					
2						
3						
4						

续表

序 号	种 类	名 称	数 量	安装高度	安装位置	安装方式
5	日光灯					
6	灯带					
7	筒灯					
8	配电箱					
9	开关					

B. 识读施工图

a. 通过该图可了解照明线路的走向、敷设材料、导线的根数、导线的横截面积及敷设方式等相关信息,如图7-2-23、图7-2-24所示。

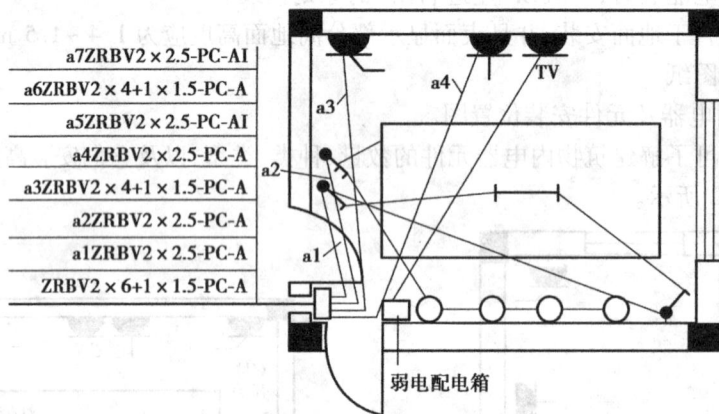

图 7-2-23 客厅照明线路施工图

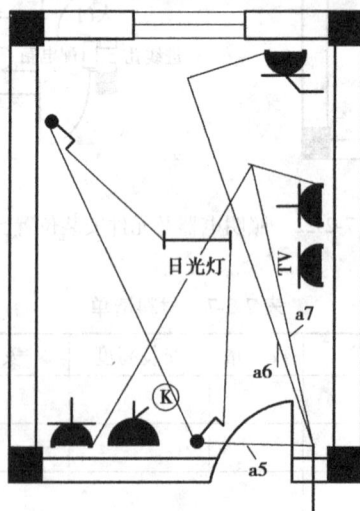

图 7-2-24 卧室照明线路施工图

b.填写施工内容,见表7-2-8。

表 7-2-8　施工清单

序 号	路 由	导线的数量及横截面积	安装载体	安装方式
a1	配电箱—双控开关 1—双控开关 2—客厅日光灯	导线有两根,一根火线进开关,另一根零线;两根线的横截面积都是 2.5 mm²	塑料线管	暗装
a2				
a3				
a4				
a5				
a6				
a7				

C.线路安装

槽管布线的操作流程如图 7-2-25 所示。

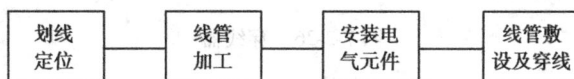

图 7-2-25　槽管布线的操作流程

a.划线定位

划线定位的步骤如下:

- 首先确定元件安装位置(依据便利、美观、安全的原则确定)。
- 拿下元件找到元件安装位置的中心点。
- 确定安装线路路径。
- 连接两点画线或弹线,在建筑物上留下线槽走向的痕迹。
- 根据要求确定管卡的安装位置并划线。

b.线管加工

根据安装路由对线管进行锯割、弯曲和连接等加工。

c.安装电气元件

安装电气元件的步骤如下:

● 找出电气元件安装位置的划线区域(在划线定位时已经确定),然后将元件紧贴建筑物放置。

● 找到元件安装孔的位置,并用铅笔在建筑物上画出安装孔所在的位置。

● 拿下元件,在安装孔的位置用手枪钻打孔。

● 在安装孔内放入膨胀螺管(或膨胀螺栓),将电气元件放置在其上面,并螺钉(或螺母)将电气元件固定在建筑物上。

d.线管敷设及穿线

线管敷设及穿线的步骤如下:

● 将线管按入已固定好的管卡内。

● 清除管口的毛刺,然后先穿入一根直径为 1~1.6 mm 的穿线器(辅助线管穿线的工具,实物如图 7-2-26 所示)。

● 理线,即将要敷设的所有导线在平整的地面上理顺,截取适当的长度。

● 导线的线头剥去绝缘后,绑扎在牵引线上。

● 一人送线,一人拉牵引线,直到将全部导线拉入线管内;注意:线管内一定要留有足够的余量。

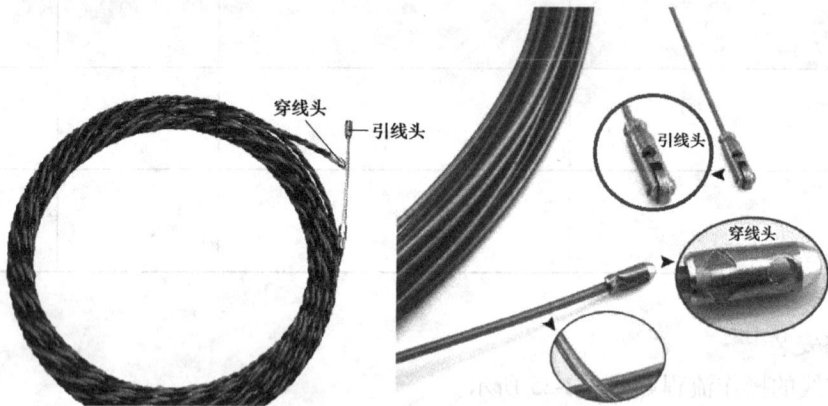

图 7-2-26　穿线器

活 动 3　汇 报 与 评 价

(1)学习汇报

以小组为单位,选择实物、展板及文稿的方式,向全班展示、汇报学习成果。其内容如下:

①常用工具的作用和正确使用方法。

②塑料线管的安装方法和步骤。

③展示任务 1、任务 2 施工成果,并对施工过程中遇到的问题及解决方案进行讲解。

④展示人员分配架构图,说明每位学生在施工过程中所起到的作用。

（2）**综合评价**（见表7-3-1）

表7-3-1 综合评价表

评价项目	评价内容	评价标准	评价方式		
			自我评价	小组评价	老师评价
职业素养	安全意识 责任意识	1. 作风严谨,遵章守纪,出色地完成任务 2. 遵章守纪,较好地完成任务 3. 遵章守纪,未能完成任务,或虽然完成任务但操作不规范 4. 不遵守规章制度,且不能完成任务			
	学习态度	1. 积极参与教学活动,全勤 2. 缺勤达到本任务总学时的5% 3. 缺勤达到本任务总学时的10% 4. 缺勤达到本任务总学时的15%			
	团队合作	1. 与同学协作融洽,团队合作意识强 2. 与同学能沟通,团队合作能力较强 3. 与同学能沟通,团队合作能力一般 4. 与同学沟通困难,协作工作能力较差			
专业能力	正确使用工具	1. 熟练使用工具,工作完成后能清理现场 2. 熟练使用工具,工作完成后未能清理现场 3. 不能熟练使用工具,工作完成后能清理现场 4. 不会使用工具,工作完成后未能清理现场			
	工件加工	1. 按时完成加工任务,操作步骤正确,工件美观、完整 2. 按时完成加工任务,操作步骤正确,工件完成质量较差 3. 按时完成加工任务,操作步骤不正确,工件完成质量较差 4. 未按时完成加工任务			
	专业常识	1. 按时、完整地完成工作页,问题回答正确 2. 按时、完整地完成工作页,问题回答基本正确 3. 不能完整地完成工作页,问题回答错误较多 4. 未完成工作页			
创新能力		学习过程中提出具有创新性、可行性的建议	加分奖励:		
学生姓名			综合评价		
指导老师			日 期		

加工学习工作页

小组人员分配清单见表7-3-2。

表7-3-2　人员清单

序　号	姓　名	角　色	在小组中的作用	小组评价
1				
2				
3				
4				
5				

施工申请报告工作页(任务2)见表7-3-3。

表7-3-3　申请单

派工单工作页(任务2)见表7-3-4。

表7-3-4　派工单

流水号：

施工地点			
施工项目		施工工时	
施工原因			
联系部门		联系人	
		联系电话	
信息回馈			

验收报告工作页(任务2)见表7-3-5。

表 7-3-5　验收表

流水号：

施工地点			
施工项目		施工工时	
验收情况	验收合格项：		
	验收不合格项及内容：		
	整改建议：		
验收部门		联系人	
		联系电话	
验收结论		验收人	签名处

（1）任务 1：某套房内客厅、卧室照明电路的施工（多控多灯多插照明线路,灯有日光灯、筒灯及灯带等。其中,日光灯采用双控电路,筒灯及灯带采用单控电路,插座有空调插座、风扇插座、电视机插座及电脑插座等）

1）模拟实训施工工作页

①模拟实训在木板墙上进行,该木板墙结构如图 7-3-1 所示。

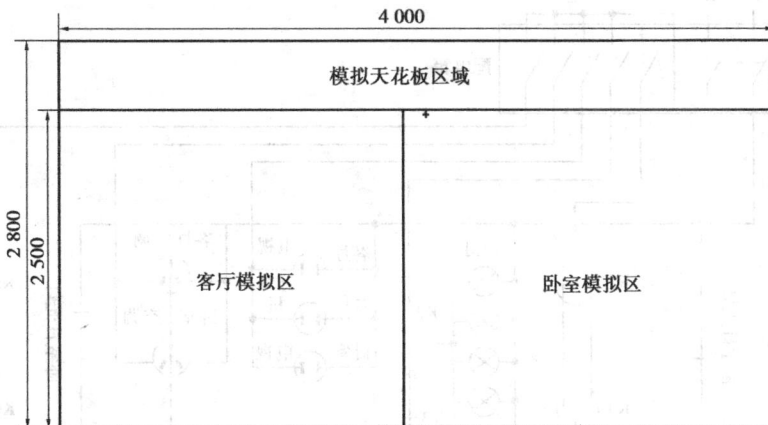

图 7-3-1　木板墙结构示意图

②木板墙上照明电路元件安装位置图如图 7-3-2 所示。

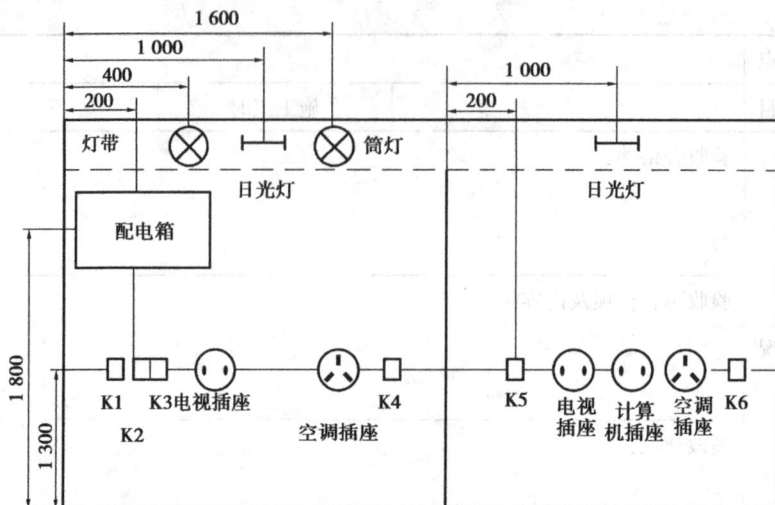

图 7-3-2　安装位置图

③木板墙上照明线路路由图如图 7-3-3 所示，接线原理图如图 7-3-4 所示。

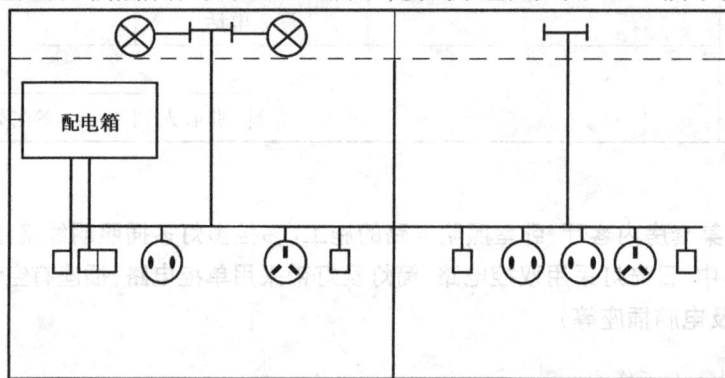

图 7-3-3　路由图

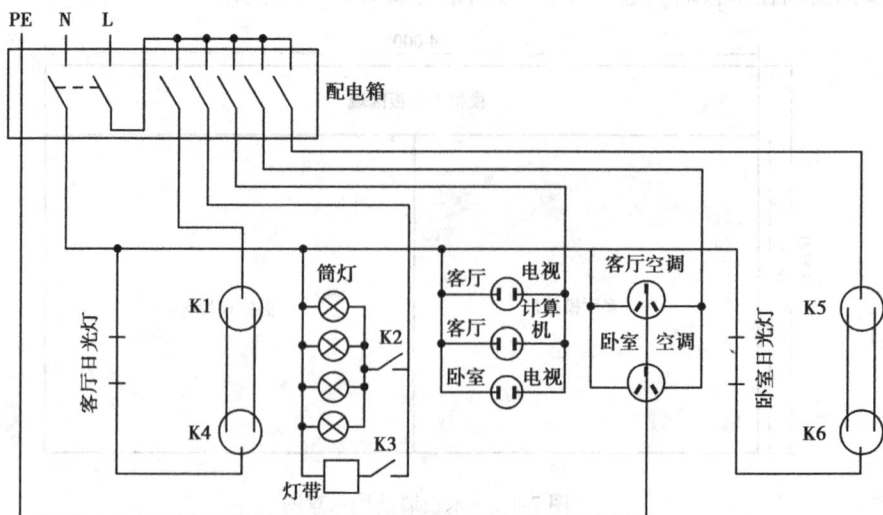

图 7-3-4　接线原理图

2）施工步骤（见表 7-3-6）

施工步骤见表 7-3-6。

表 7-3-6 施工清单

施工步骤	施工方法	施工要求	注意事项	存在问题及解决措施
划线定位				
线管加工				
安装电气元件				
线管敷设及穿线				

（2）任务 2：某学校计算机实训教室线路改造工程（按一个教室 60 台计算机计算，其他还有空调、照明设备等）

1）模拟实训施工工作页

木板墙上照明电路元件安装位置图如图 7-3-5 所示，路由图如图 7-3-6 所示。

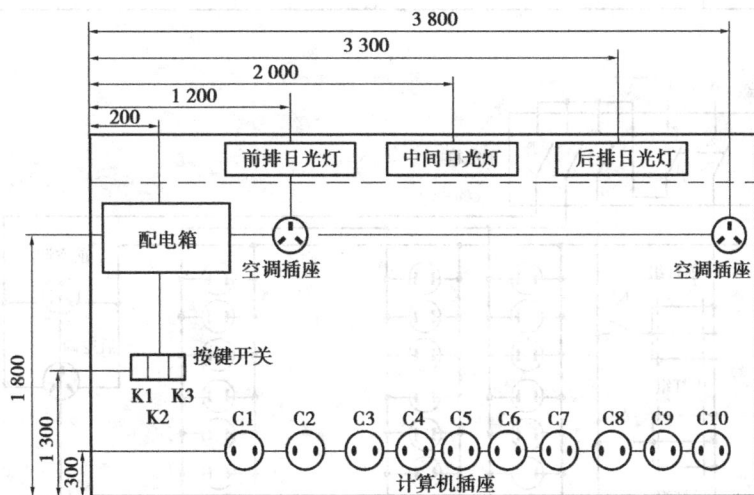

图 7-3-5 安装位置图

电器原理图如图 7-3-7 所示。

2）木板墙上照明电路安装步骤

木板墙上照明电路安装步骤见表 7-3-7。

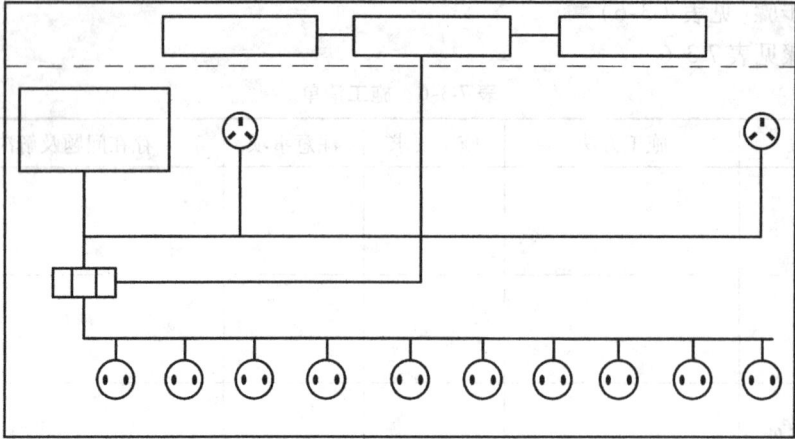

图 7-3-6　路由图

表 7-3-7　施工清单

施工步骤	施工方法	施工要求	注意事项	存在问题及解决措施
划线定位				
线管加工				
安装电气元件				
线管敷设及穿线				

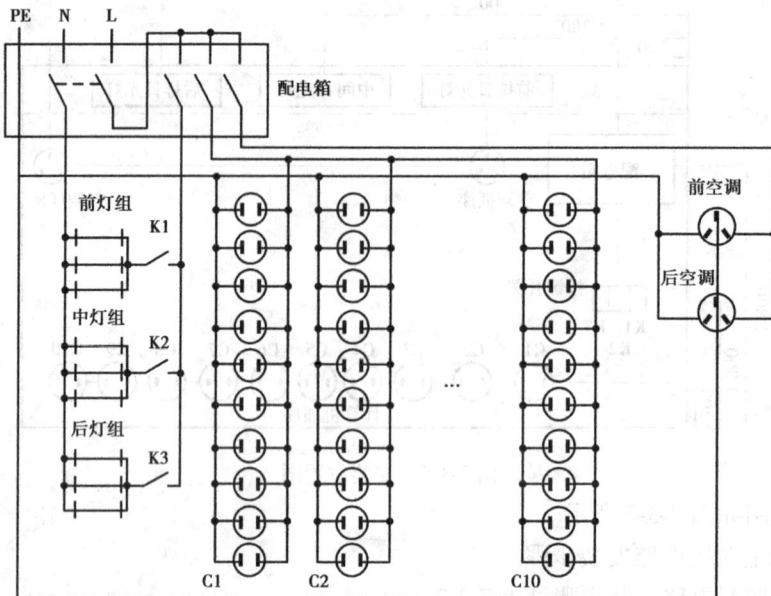

图 7-3-7　接线原理图

任务 8
桥架的施工与测试

任务目标

1.熟悉桥架施工的标准、规范及要求。
2.熟悉桥架施工的步骤、方法及适用范围。
3.熟练使用桥架的安装工具。
4.会网络线路的测试及验收。
5.作业完毕后能按照电工作业规范清点、整理工具;收集剩余材料,清理作业垃圾。
6.完成本次作业的评价及评分工作。

工作情境描述

按照施工要求完成建筑物弱电项目安装(包括网络配线、电话配线及电视配线等线路的安装与测试)。

活动 1 施工标准及安装规范

学习目标

1.熟悉桥架施工标准及安装规范的要求。
2.了解桥架适用的安装范围。
3.熟练掌握支架、吊架的安装方法及弱电配电箱的安装方法。

学习过程

(1)桥架施工工艺标准

依据标准如下：

①《电气装置安装施工及验收规范》。

②《建筑电气通用图籍》。

③《建筑电气安装分项工程施工工艺标准》。

④《建筑抗震设计规范》。

⑤《建筑机电工程抗震设计规范》。

其主要内容包括工艺标准编制依据、施工准备和部署、施工工艺与方法、成品保护及安全消防措施5个方面，如图8-1-1所示。

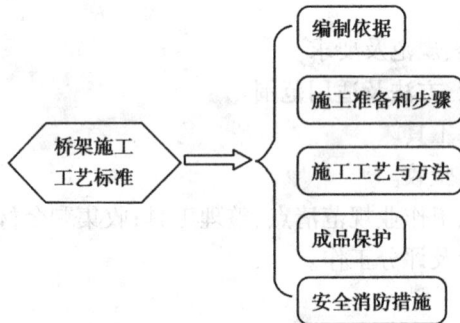

图8-1-1　桥架施工工艺标准

本工艺标准适用于网络布线及电缆布线。常用的桥架有托盘式桥架、梯架式桥架、槽式桥架及网格式桥架4种。

(2)施工准备

1)技术准备

①设计施工图纸和电缆桥架加工大样图齐全。

②各种电缆桥架技术文件齐全。

③电缆桥架安装部位的建筑装饰工程全部结束，暖卫通风工程安装完毕。

④土建预留的孔洞其位置、大小应符合设计和施工规范要求。

2)材料准备

①电缆桥架及其附件

电缆桥架及其附件应采用经过热镀锌处理(使其具有阻燃、耐火等性能)的材料。其型号、规格应符合设计要求。电缆桥架内外应光滑平整，无棱刺，不应有扭曲、翘边等变形现象。

②金属膨胀螺栓

应满足拉力和剪力应力的要求。

③镀锌材料

采用钢板、圆钢、扁钢、角钢、螺栓、螺母、螺钉、垫圈及弹簧垫等金属材料做电工工件时，都应经过镀锌处理。

④辅助材料

钻头、电焊条、氧气、乙炔气、调和漆、焊锡、焊剂、橡胶绝缘带、塑料绝缘带及黑胶布等。

3)主要机具准备

①铅笔、卷尺、线坠、粗线袋、锡锅及喷灯。

②电工工具、手电钻、冲击钻、兆欧表、万用表、工具袋、工具箱及高凳等。

4)作业环境准备

①配合土建的结构施工,预留孔洞、预埋铁和预埋吊杆、吊架等全部完成。

②顶棚和墙面的第一遍喷浆全部完成后,方可进行电缆桥架敷设。

③高层建筑竖井内土建作业全部完成。

④地面电缆桥架应及时配合土建施工。

5)施工人员准备

①参加施工人员须持有电工作业证书,进场前由电气专业技术人员进行技术培训。施工队要配备电工作业工具,常用工具由电工自己保管使用,专用大型机具由班组保管。

②现场加工须设置专用工作台,加保护围栏。作业时,应配备电气消防设备。

③作业班组应分工明确,建立岗位责任制,提高"专业化"施工水平。

④施工技术资料要和施工进度同步。

（3）**操作工艺**

1)工艺流程

①桥架施工工艺流程

桥架施工工艺流程如图 8-1-2 所示。

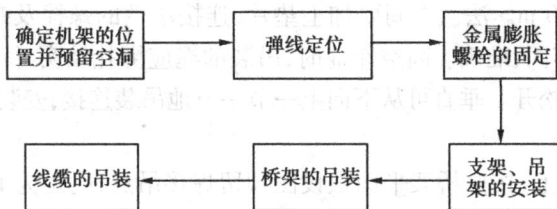

图 8-1-2　桥架施工工艺流程

②弹线定位

根据设计图确定出进户线、盒、箱、柜等电气器具的安装位置,从始端至终端(先干线,后支线)找好水平或垂直线,用粉线袋沿墙壁、顶棚和地面等处,在线路的中心线进行弹线。按照设计图要求及施工验收规范规定,分匀挡距,并用笔标出具体位置。

③预留孔洞

根据设计图标注的轴线部位,将预制加工好的木质或铁制框架,固定在标出的位置上,并进行调直找正,待现浇混凝土凝固模板拆除后,拆下框架,并抹平孔洞口(收好孔洞口)。

2)支架、吊架、抗震吊架安装要求及预埋吊杆、吊架

①支架与吊架安装要求

a. 支架与吊架应安装牢固,保证横平竖直,在有坡度的建筑物上安装支架与吊架应与建筑

物有相同坡度。

b. 支架与吊架的规格一般不应小于扁铁 30 mm×3 mm、角钢 25 mm×25 mm×3 mm。

c. 严禁用电气焊切割钢结构或轻钢龙骨任何部位,焊接后均应做防腐处理。

d. 万能吊具应采用定型产品,对电缆桥架进行吊装,并应有各自独立的吊装卡具或支承系统。

e. 固定支点间距一般不应大于 1.5～2 m。在进出接线盒、箱、柜、转角、转弯和变形缝两端以及丁字接头的三端 500 mm 以内,应设置固定支承点。

f. 支架与吊架距离上层楼板不应小于 150～200 mm;距地面高度不应低于 100～150 mm。

g. 严禁用木砖固定支架与吊架。

h. 轻钢龙骨上敷设电缆桥架应各自有单独卡具吊装或支承系统,吊杆直径不应小于 6 mm;支承应固定在主龙骨上,不允许固定在辅助龙骨上。

②抗震支架安装要求

a. 在柱上的安装。支架在柱上安装固定的方法有预埋钢板接法、预埋螺栓法和抱柱施工法等。安装抗震支架时,应首先根据中心线找出吊杆的安装位置。单杆吊杆装在中心线上,双杆吊杆可以按中心线对称安装,然后再根据抗震支架的间距要求,画出吊杆的具体安装位置。最后再根据标高,确定吊杆的安装高度。当桥架较长,需要安装很多支架时,可先把两端的吊架安装好,再以两端的支架为基准,用拉线法确定中间支架的标高进行安装。

b. 抗震支架在墙上的安装。沿墙敷设的桥架常采用托架固定。托架安装时,圆形标高以轴线标高为准,矩形的标高以管底标高为准。根据标高画出托架横梁上表面的位置线,再根据支架的间距要求,确定支架的具体位置,然后将托架的横梁固定在墙壁上。固定的方法可采用预埋法、栽埋法、膨胀螺栓法和射钉法等,具体的施工方法同管道支架的安装。

c. 安装抗震支架的时候,预先可在地面上把干管和支管分段连接好,根据吊装情况和连接情况,直管每段长度约为 10 m。法兰之间要加上垫片,连接法兰的螺栓及螺帽应在同一侧。安装前,应检查支吊架是否牢固、准确。高空作业时,吊装的绳应绑扎结实,待与配件连接牢固,并通过支架找平固定后方可松开。垂直可从下向上一节一节地吊装连接,安装后用线锤找正。

③预埋吊杆、吊架

a. 在预应力钢结构上,按照桥架平面敷设图预留焊接吊点,间距为 1.5～2 m。

b. 钢结构:可将支架或吊架直接焊在钢结构上的固定位置处,也可利用万能吊具进行安装。

④安装抗震支架

安装施工步骤:测量→下料→吊点栓胀安装→垂直向吊杆安装→横担(或管卡)安装→侧向、纵向加固件安装。

a. 抗震支架安装过程无须焊接和钻孔,可方便地进行拆、改调整,拆卸下的配件和槽钢都可重复使用,对材料造成的浪费极少。

b. 抗震支架具有良好的兼容性,各专业可共用一架吊架;可充分利用空间,使各专业的管线得以良好的协调。

c. 抗震支架安装速度是传统支架的 3～5 倍,制作安装成本是传统支架的 1/2。在符合管理规范的前提下,各专业和工种可以交叉作业,大大提高工效,缩短支吊架的安装工期。

d. 抗震支架标准组件种类多样,可供多种选择。因而保证了不同条件下各类支架的简便性、适用性及灵活性。

e. 抗震支架在施工过程中无须使用电焊和明火,不会对环境和办公造成影响。

抗震支架安装操作要点:

a. 管道和电线套管允许纵向偏移,但不得超过最大侧向支撑间距的 1/6;风管允许偏差,但不得超过风管风度的 2 倍。

b. 水平管道在 90°转弯时,需设抗震支吊架;其他角度转弯长度大于抗震设计间距的 1/16 时,需设侧向及纵向抗震支吊架。

c. 计算水平地震力荷载时,只需满负荷而不需要考虑其他因素。

d. 抗震吊架不限制管线热胀冷缩产生的应力,纵向吊架应在构件选型上考虑所选型号应能抵抗管线热胀冷缩应力。

e. 保温管线的抗震吊架管码需按保温后的尺寸考虑,门型吊架用于保温风管、水管亦按此考虑。

f. 用于刚性的管道抗震支撑不能安装于建筑的不同结构部位或功能部位,否则会因地震作用而产生不同的位移。

g. 单管抗震支撑双向侧向或纵向或具有侧/纵向作用的拐点抗震支撑,应直接与管线或电线套管连接。应注意支管或小一级管线的支撑不能作为主管的抗震支撑,即不能作为另一方向(主管)的支撑。

h. 管线穿越建筑沉降缝时,应考虑沉降位移设计。

i. 侧/纵向斜撑安装的最佳垂直角度为 45°,可根据现场实际情况适当调整。

g. 对水、电、风系统的单管或多管共用门型吊架,无论侧向/纵向斜撑,斜撑偏离中心线 2.5°时不会影响其承载力。

3)金属膨胀螺栓安装

①金属膨胀螺栓安装要求

a. 适用于 C5 以上混凝土构件及实心砖墙上,不适用于空心砖墙。

b. 钻孔直径的误差不得超过 -0.3 ~ +0.5 mm;深度误差不得超过 +3 mm;钻孔后,应将孔内残存的碎屑清除干净。

c. 螺栓固定后,其头部偏斜值不应大于 2 mm。

d. 螺栓及套管的质量应符合产品的技术条件。

②金属膨胀螺栓安装方法

a. 首先沿着墙壁或顶板根据设计图进行弹线定位,标出固定点的位置。

b. 根据支架式吊架承受的荷重,选择相应的金属膨胀螺栓及钻头,所选钻头长度应大于套管长度。

c. 打孔的深度应以将套管全部埋入墙内或顶板内后表面平齐为宜。

d. 应首先清除干净打好的孔洞内的碎屑,然后再用木槌或垫上木块后,用铁锤将膨胀螺栓敲进洞内,应保证套管与建筑物表面平齐,螺栓端都外露。敲击时,不得损伤螺栓的丝扣。

e. 埋好螺栓后,可用螺母配上相应的垫圈将支架或吊架直接固定在金属膨胀螺栓上。

4)电缆桥架安装

①电缆桥架安装要求

a. 电缆桥架应平整,无扭曲变形,内壁无毛刺,各种附件齐全。

b.电缆桥架的接口应平整,接缝处应紧密平直。槽盖装上后应平整,无翘角,出线口的位置准确。

c.在吊顶内敷设时,如果吊顶无法上人时应留有检修孔。

d.不允许将穿过墙壁的电缆桥架与墙上的孔洞一起抹死。

e.电缆桥架的所有非导电部分的铁件均应相互连接和跨接,使之成为一连续导体,并做好整体接地。

f.当电缆桥架的底板对地距离低于2.4 m时,电缆桥架本身和电缆桥架盖板均必须加装保护地线。2.4 m以上的电缆桥架盖板可不加保护地线。

g.电缆桥架经过建筑物的变形缝(伸缩缝、沉降缝)时,电缆桥架本身应断开,槽内用内连接板搭接,不需固定。保护地线和槽内导线均应留有补偿余量。

h.敷设在竖井、吊顶、通道、夹层及设备层等处的电缆桥架应符合《高层民用建筑设计防火规范》(GB 50045—2005)的有关防火要求。桥架穿越防火区的孔洞要用防火泥或防火枕进行封堵。

②电缆桥架敷设安装一般步骤

a.电缆桥架直线段连接应采用连接板,用爪形垫圈、弹簧垫圈、螺母紧固,连接处应缝隙严密平齐。

b.电缆桥架进行交叉、转弯、丁字连接时,应采用单通、二通、三通、四通,或平面二通、平面三通等变通连接。导线接头处应设置接线盒,或将导线接头放在电气器具内。

c.电缆桥架与盒、箱、柜等连接时,进线和出线口等处应采用抱脚连接,并用螺钉紧固,末端应加装封堵。

d.建筑物的表面如有坡度时,电缆桥架应随其变化坡度。待电缆桥架全部敷设完毕后,应在配线之前进行调整和检查。确认合格后,再进行槽内配线。

③吊装电缆桥架

万能型吊具一般应用在钢结构中,如工字钢、角钢、轻钢龙骨等结构,可预先将吊具、卡具、吊杆、吊装器组装成一整体,在标出的固定点位置处进行吊装,逐件地将吊装卡具压接在钢结构上,将顶丝拧牢。

a.电缆桥架直线段组装时,应先做干线,再做分支线,将吊装器与电缆桥架用蝶形夹卡固定在一起,按此方法,将电缆桥架逐段组装成形。

b.电缆桥架与电缆桥架可采用内连接头或外连接头,配上平垫和弹簧垫用螺母紧固。

c.转弯部位应采用立上弯头和立下弯头,安装角度要适宜。

④地面电缆桥架安装

地面电缆桥架安装时,应及时配合土建地面工程施工。根据地面的形式不同,首先抄平,然后测定固定点位置,将上好卧脚螺栓和压板的电缆桥架水平放置在垫层上,然后进行电缆桥架连接。例如,电缆桥架与管连接;电缆桥架与分线盒连接;分线盒与管连接;电缆桥架出线口连接;电缆桥架末端处理等,都应安装到位,螺钉紧固牢靠。地面电缆桥架及附件全部上好后,再进行一次系统调整。主要根据地面厚度,仔细调整电缆桥架干线,分支线,分线盒接头,转弯、转角、出口等处,水平高度要求与地面平齐,将各种盒盖盖好并堵严实,以防止水泥砂浆进入,直至配合土建地面施工结束为止。

⑤电缆桥架内保护地线安装

a.保护地线应根据设计图要求,敷设在电缆桥架外一侧,接地处螺钉直径不应小于 6 mm;同时,需要加平垫和弹簧垫圈,用螺母压接牢固。

b.电缆桥架的宽度在 100 mm 以内(含 100 mm),两段电缆桥架用连接板连接处(即连接板作地线时),每端螺钉固定点不少于 4 个;宽度在 200 mm 以上(含 200 mm),两端电缆桥架用连接板连接的保护地线,每端螺钉固定点不少于 6 个。

c.电缆桥架盖板有关保护接地要求要符合验收规范。

(4)质量标准

1)主控项目

①电缆桥架的规格必须符合设计要求和有关规范规定。

②电缆桥架两端必须进行可靠接地,直线距离超过 30 m 必须增加接地点。

③检验方法:观察检查,测量检查。

2)一般项目

①电缆桥架敷设

a.电缆桥架应紧贴建筑物表面,固定牢靠,横平竖直,布置合理,盖板无翘角,接口严密整齐,拐角、转角、丁字连接、转弯连接应正确、严实,电缆桥架内外无污染。

b.检验方法:观察检查。

②支架与吊架安装

a.可用金属膨胀螺栓固定或焊接支架与吊架,也可采用万能卡具固定电缆桥架,支架与吊架应布置合理,固定牢固、平整。

b.检验方法:观察检查。

③缆线路保护

a.缆线路穿过梁、墙、楼板等处时,电缆桥架不应被抹死在建筑物上;跨越建筑物变形缝处的电缆桥架底板应断开,缆线和保护地线均应留有补偿余量;电缆桥架与电气器具连接严密。

b.检验方法:观察检查。

3)允许偏差项目

①电缆桥架水平或垂直敷设直线部分的平直程度和垂直度允许偏差不应超过 5 mm。

②检验方法:吊线、拉线、尺量检查。

(5)安全消防措施

①所有施工人员进入施工现场,必须戴安全帽,穿绝缘鞋。2 m 以上高空作业时,必须系好安全带。脚手架上作业时,探头板两端必须固定牢固。梯子上作业应有专人看护,并有可靠的防滑措施。

②现场施工严禁吸烟,各种油料、漆料要按规定地方堆放,设专人看护。

③带电作业,需两人以上进行,穿绝缘鞋,防止触电,并备齐安全用具。

④参加调试工作人员始终要两人以上进行,佩戴好各类防护用具,确保安全。调试中出现问题,要先切断电源,再检查设备情况。

⑤送电必须两人以上进行,确认所要通电的开关后,专人操作,一人监护,听从统一指挥。

⑥在送电和调试工作中,严禁非调试人员在此施工,调试好的设备,无关人员不得随意乱动。

⑦使用机械钻孔时,严禁戴手套操作或手持工件进行操作。对三级电源配电箱和手持式电动工具,应经常进行绝缘检查。

⑧使用明火应办理明火手续和用火证明。在用火现场应注意周围环境,远离易燃物,并配齐必要的灭火器材。用火完毕应清理现场,消除隐患。

⑨存放、使用电气焊、氧气及乙炔时,应按规定集中管理,并且必须配备灭火器材。使用电焊时,把线、地线应双线到位,不得用金属构件作地线,并按规定操作。

⑩设备通电调试前,室内要设置相应的消防器材。

活动 2　现场施工

学习目标

1. 掌握桥架敷设的方法。
2. 会支架、吊架的安装。
3. 会机架的安装,会网络布线(包括制作水晶头、连接跳线架等)。
4. 能根据勘察结果,制订工作计划,并填写备料单和备工具单。
5. 进行施工现场的勘查,描述现场特征,并绘制施工安装位置图及路由图。

结构化布线

学习过程

输送电网络的电缆布线和网络布线等。

提出任务如下:

(1)任务 1:某栋教学大楼的电力输送电路的改造施工

1)任务流程分析

教学部门提出申请—后勤部门单位制订派工单—施工负责人编写施工交底、安全交底文件—施工负责人填写备料单—电工现场施工—第三方验收报告。

①申请

尊敬的×××校长:

由于教学楼内每个教室都新安装了空调,致使供电线路容量严重不足,建议给教学楼新增两条电缆供电。谢谢!

恭祝身体健康,工作愉快!

申请人:×××

××××年×月×日

②派工单

派工单格式见表8-2-1。

表8-2-1　派工单

编号：　　　　　流水号：

施工项目	增设电力电缆施工	施工工时	7天
施工原因	原有电力电缆送电容量不足		
报装人		报装人电话	
报装方式	电力电缆桥架敷设	安装地点	
施工负责人		施工负责人电话	
施工部门		联系人	
		联系电话	
适宜施工时间段			

③施工交底文件及安全交底文件

a. 施工交底文件格式见表8-2-2。

表8-2-2　施工清单

施工项目名称	电力电缆施工			
施工进度计划	步　骤	用　时	步　骤	用　时
	划线定位		安装支架、吊架	
	固定桥架		吊装电力电缆及制作电缆头	
分工方案				
施工流程及要点				
施工过程注意事项				
组织架构				

b. 安全交底文件格式见表8-2-3。

表 8-2-3　施工安全清单

施工项目名称	电力电缆施工
建筑安全法规	
劳保用品	
安全提示	
安全讲评	

④施工负责人填写备料单

a. 备料单格式见表 8-2-4。

表 8-2-4　材料清单

套房电路施工备料单			
序　号	材料名称	数　量	单　位
1	吊杆(角钢 30 mm×3 mm)		副
2	吊架(角钢 25 mm×25 mm×3 mm)		个
3			
4			

b. 备工具单格式见表 8-2-5。

表 8-2-5　工具清单

套房电路施工备工具单			
序　号	工具名称	数　量	单　位
1	人字梯		架
2	手枪钻		台
3			
4			

2)电工现场施工

①划线定位

首先确定电力配电箱或配电柜的位置。配电箱安装时,如果有预留孔的找到预留孔的中心位置(没有预留孔的在墙面上开孔),其他电气设备找到中心位置。在线路的中心线进行弹线,按照设计图要求及施工验收规范规定,每隔 1.5~2 m 并用笔标出具体位置。在进出接线盒、箱、柜、转角、转弯和变形缝两端以及丁字接头的三端 500 mm 以内应设置固定支承点。

②安装支架、吊架

a. 支架与吊架距离上层楼板不应小于 150～200 mm；距地面高度不应低于 100～150 mm；吊杆直径不应小于 6 mm。

b. 预埋吊杆、支架(与土建工程一起施工)。

c. 金属膨胀螺栓安装。钻孔直径的误差不得超过 −0.3～+0.5 mm；深度误差不得超过 +3 mm。钻孔后，应将孔内残存的碎屑清除干净。

d. 有预埋件时，通过电焊接的方法将支架、吊架焊接上；用膨胀螺栓时，通过垫圈、螺母的压接将支架、吊架固定在墙面上。

③吊装桥架

首先用万能型吊具逐件地将吊装卡具压接在钢结构上，将顶丝拧牢。然后在地面上将桥架连接好或逐段吊装桥架，并将吊装器与电缆桥架用蝶形夹卡固定在一起。按此方法，将电缆桥架逐段组装成形。

④吊装电力电缆

首先在地面上放好电缆，然后用万能吊具将电缆吊起，并放入桥架内。

3)第三方验收报告

第三方验收报告见表 8-2-6。

表 8-2-6　验收报告

编号：

验收工程名称					
内　容	验收项目	项目编号	验收人签名	验收结论	不通过原因
验收					
验收最终结论		验收负责人	签　名		
			电　话		
验收时间		验收单位			

(2)任务 2:制作跳线及跳线架

1)制作跳线

①制作水晶头

跳线一般有 TIA/EIA-568A, TIA/EIA-568B 两种制线标准。最常用的 568B 线序依次为白橙、橙、白绿、蓝、白蓝、绿、白棕、棕。

a. 剪取适当长度的双绞线。

b. 将双绞线的外表皮剥除。

c. 除去外套层。

水晶头端接
与测试

d. 将 4 对双绞线分开,如图 8-2-1 所示。

e. 按照标准线序进行排列,如图 8-2-2 所示。

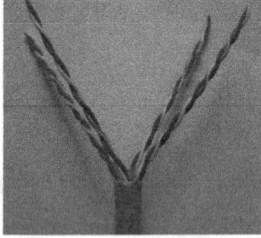

图 8-2-1　分开双绞线

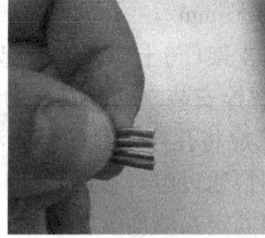

8-2-2　双绞线排列整齐

f. 剪切各条芯线对使它们的顶端平齐,剪切之后露出来的线对长度大约为 14 mm。

g. 将线对插入 RJ-45 插头内的 8 个线槽,一直插到线槽的顶端。

h. 确认所有导线都插到位和线序正确后,使用制线钳的压线。

②双绞线跳线的测试

A. 双绞线跳线连接连通型线缆测试仪

用制作好的双绞线跳线连接连通型线缆测试仪的基座部分和远端部分,如图 8-2-3 所示。通电观察远端部分的相应位置上的 LED 发光管。如果顺序发光,则相应线对导通;如不发光,则线对连通有问题,需要重新制作。

图 8-2-3　测试仪

图 8-2-4　卡入线槽

B. 双绞线与信息插座的连接操作

a. 剪合适长度的双绞线。

b. 将 4 对双绞线拆开,按照信息模块上所指示的线序,将 8 根导线卡入相应的线槽中,如图 8-2-4 所示。

c. 将打线工具的刀口对准信息模块上的线槽和导线,如图 8-2-5 所示。

d. 将完成压制的模块按在工作区面板相应的插槽内,如图 8-2-6 所示。

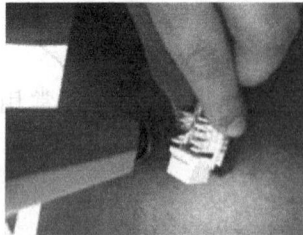

图 8-2-5　打线

图 8-2-6　压入面板槽内

2）跳线架的制作

双绞线与 RJ-45 网络配线架的连接如下：

①4 对网络线缆的制作

a. 在双绞线的另一头,利用剥线器剥除双绞线的绝缘包皮,电缆沿机柜两侧整理至配线架处,如图 8-2-7 所示。

Cat 5e 打线式
模块的端接
与制作

b. 依据所执行的标准和配线架的类型,将双绞线的 4 对线按照正确颜色顺序分开,一般使用 TIA/EIA-568B 线序,如图 8-2-8 所示。

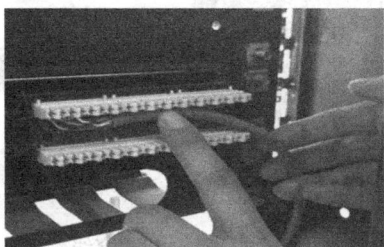

图 8-2-7　剥除包皮并放在配线架处

图 8-2-8　按相序放入卡槽

c. 利用打线工具端接配线架与双绞线,如图 8-2-9 所示。

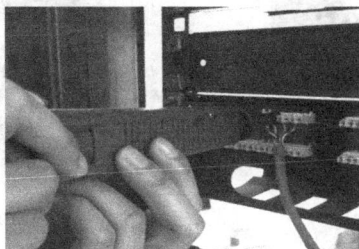

图 8-2-9　打线

d. 重复前 4 步的操作,端接其他双绞线。

②25 对大对数网络线缆的制作

a. 25 对大对数线缆进行线序排线,如图 8-2-10、图8-2-11所示。先进行主色分配,再按配色分配。通信电缆色谱排列:线缆主色为白、红、黑、黄、紫;线缆配色为蓝、橙、绿、棕、灰。一组线缆为 25 对,以主色来分组,一共有 5 组,分别为:

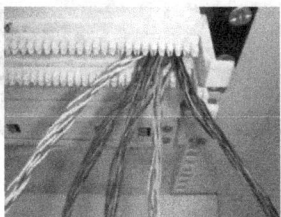

8-2-10　分开黄色(主色)准备打线

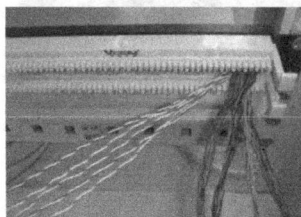

8-2-11　分开白色(主色)准备打线

- 第 1 组:白蓝、白橙、白绿、白棕、白灰。
- 第 2 组:红蓝、红橙、红绿、红棕、红灰。
- 第 3 组:黑蓝、黑橙、黑绿、黑棕、黑灰。
- 第 4 组:黄蓝、黄橙、黄绿、黄棕、黄灰。
- 第 5 组:紫蓝、紫橙、紫绿、紫棕、紫灰。

b. 双绞线与 110 配线架的连接操作

• 将 110 语音配线架固定到机柜合适位置。

• 从机柜进线处开始整理电缆，大对数电缆外皮剥线操作，如图 8-2-12 所示。大对数电缆穿线操作，如图 8-2-13 所示。

• 根据电缆色谱排序，将对应颜色的线对逐一压入槽内。大对数电缆线槽内的理线效果如图 8-2-14 所示。单根网线打线如图 8-2-15 所示。

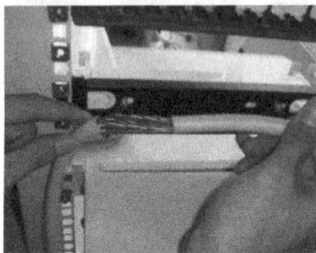

图 8-2-12　剥外皮

图 8-2-13　穿线

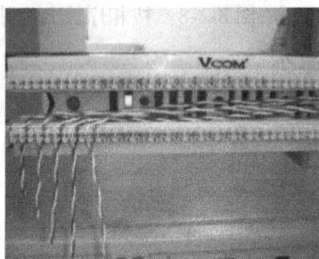

图 8-2-14　理线

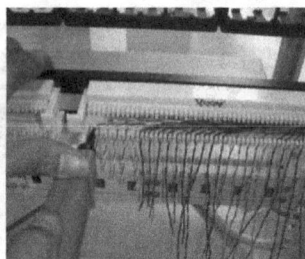

图 8-2-15　打线

• 准备 5 对打线工具和 110 连接块，将连接块放入 5 对打线工具中，把连接块垂直压入槽内，并贴上编号标签。配线模块压入线槽的操作如图 8-2-16、图 8-2-17 所示。

图 8-2-16　用 5 对打线工具打线

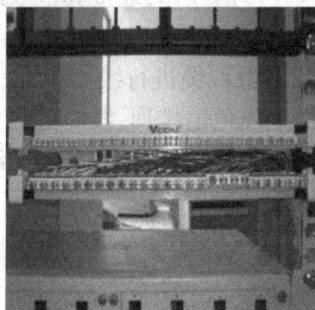

图 8-2-17　成品

活 动 3　汇 报 与 评 价

（1）学习汇报

以小组为单位，选择实物、展板及文稿的方式，向全班展示、汇报学习成果。其内容如下：

①常用工具的作用和正确使用方法。

②塑料线管的安装方法和步骤。

③展示任务 1、任务 2 施工成果,并对施工过程中遇到的问题及解决方案进行讲解。

④展示人员分配架构图,说明每位学生在施工过程中所起到的作用。

(2)综合评价(见表 8-3-1)

表 8-3-1　综合评价表

评价项目	评价内容	评价标准	评价方式		
			自我评价	小组评价	老师评价
职业素养	安全意识 责任意识	1. 作风严谨,遵章守纪,出色地完成任务 2. 遵章守纪,较好地完成任务 3. 遵章守纪,未能完成任务,或虽然完成任务但操作不规范 4. 不遵守规章制度,且不能完成任务			
	学习态度	1. 积极参与教学活动,全勤 2. 缺勤达到本任务总学时的 5% 3. 缺勤达到本任务总学时的 10% 4. 缺勤达到本任务总学时的 15%			
	团队合作	1. 与同学协作融洽,团队合作意识强 2. 与同学能沟通,团队合作能力较强 3. 与同学能沟通,团队合作能力一般 4. 与同学沟通困难,协作工作能力较差			
专业能力	正确使用工具	1. 熟练使用工具,工作完成后能清理现场 2. 熟练使用工具,工作完成后未能清理现场 3. 不能熟练使用工具,工作完成后能清理现场 4. 不会使用工具,工作完成后未能清理现场			
	工件加工	1. 按时完成加工任务,操作步骤正确,工件美观、完整 2. 按时完成加工任务,操作步骤正确,工件完成质量较差 3. 按时完成加工任务,操作步骤不正确,工件完成质量较差 4. 未按时完成加工任务			
	专业常识	1. 按时、完整地完成工作页,问题回答正确 2. 按时、完整地完成工作页,问题回答基本正确 3. 不能完整地完成工作页,问题回答错误较多 4. 未完成工作页			
创新能力		学习过程中提出具有创新性、可行性的建议	加分奖励:		
学生姓名			综合评价		
指导老师			日　期		

加工学习工作页

小组人员分配清单见表8-3-2。

表8-3-2 人员清单

序 号	姓 名	角 色	在小组中的作用	小组评价
1				
2				
3				
4				
5				

施工申请报告工作页(任务2)见表8-3-3。

表8-3-3 申请报告

派工单工作页(任务2)见表8-3-4。

表8-3-4 派工单

流水号:

施工地点			
施工项目		施工工时	
施工原因			
联系部门		联系人	
		联系电话	
信息回馈			

验收报告工作页(任务 2)见表 8-3-5。

表 8-3-5　验收单

流水号:

施工地点			
施工项目		施工工时	
验收情况	验收合格项:		
	验收不合格项及内容:		
	整改建议:		
验收部门		联系人	
		联系电话	
验收结论			
		验收人	签名处

(1)任务 1:制作一段桥架

1)模拟实训施工工作页

①模拟实训在木板墙上进行。该木板墙结构如图 8-3-1 所示。

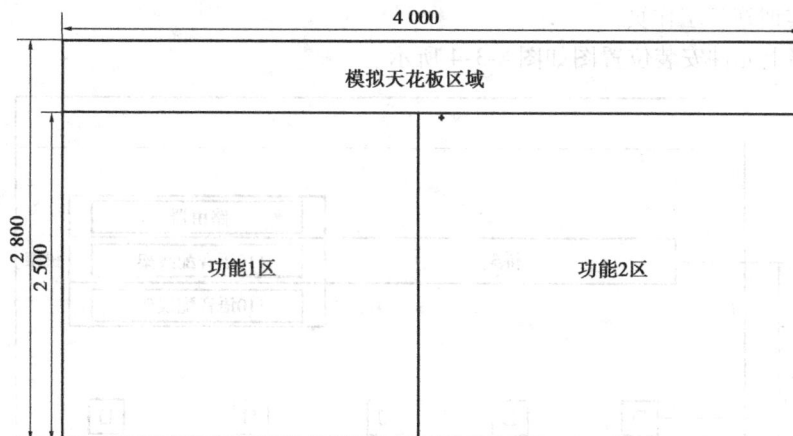

图 8-3-1　木板墙

②桥架安装位置图如图 8-3-2、图 8-3-3 所示。

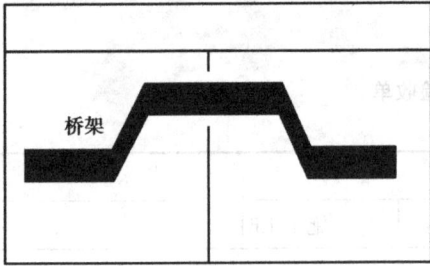

图 8-3-2 主视图

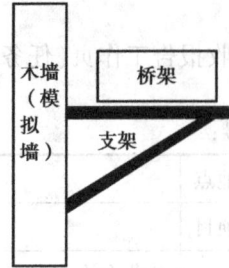

图 8-3-3 侧视图

2）施工方案

施工方案见表 8-3-6。

表 8-3-6 施工清单

施工步骤	施工方法	施工要求	注意事项	存在问题及解决措施
划线定位				
安装支架、吊架				
吊装桥架				
吊装电缆				

（2）任务 2：进行网络布线及电话布线

1）模拟实训施工工作页

①木板墙上元件安装位置图如图 8-3-4 所示。

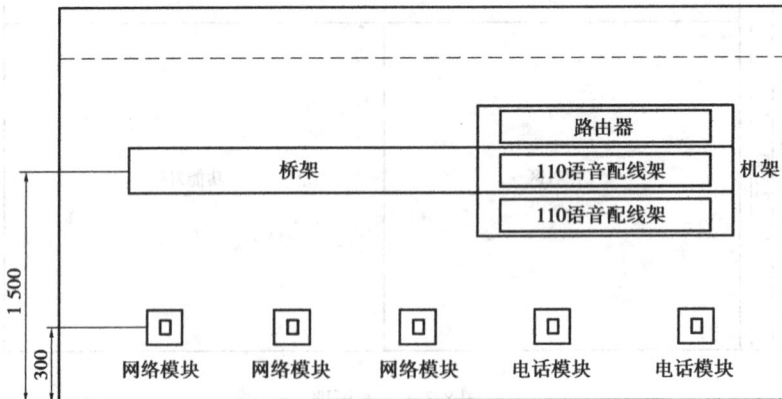

图 8-3-4 安装位置图

158

②木板墙上线路路由图如图 8-3-5 所示。

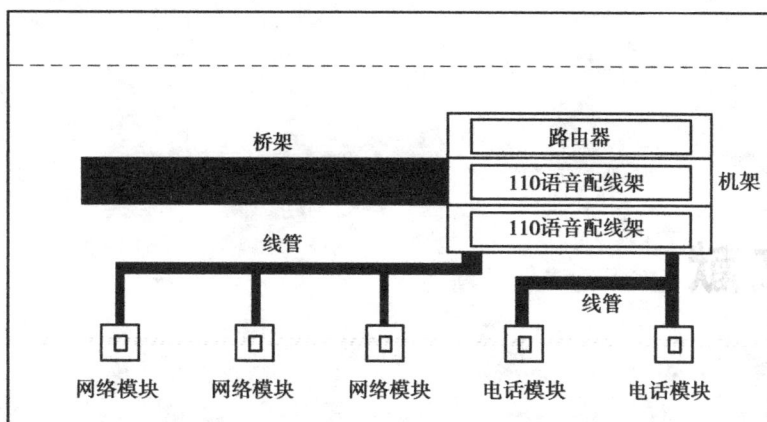

图 8-3-5　路由图

2）施工步骤

施工方案见表 8-3-7。

表 8-3-7　施工清单

施工步骤	施工方法	施工要求	注意事项	存在问题及解决措施
划线定位				
固定支架、吊架				
吊装桥架及安装线管				
桥架内网线的敷设及线管敷设和穿线				
制作跳线				
模块打线				
配线架打线				
构成系统				

参考文献

[1] 人力资源和社会保障部教材办公室.照明线路安装与检修[M].北京:中国劳动社会保障出版社,2012.

[2] 汪光华.视频监控系统应用[M].北京:中国政法大学出版社,2009.

[3] 刘省贤,等.综合布线技术教程与实训[M].北京:北京大学出版社,2006.

[4] 中华人民共和国建设部.安全防范工程技术规范[M].北京:中国计划出版社,2005.

[5] 中华人民共和国建设部.综合布线技术工程技术规范[M].北京:中国计划出版社,2007.